Kryon

Ein Kurs in Liebe

Barbara Bessen

Kryon

Ein Kurs in Liebe

Band zwei

Der göttliche Weg

Edition Sternenprinz
im Hans-Nietsch-Verlag

Lektorat: Astrid Ogbeiwi
Korrektorat: Nadine Drexl
Umschlaggestaltung: Peter Krafft
Innenlayout und Satz: Hans-Jürgen Maurer

Hans-Nietsch-Verlag
Postfach 2 28
79002 Freiburg

www.nietsch.de
info@nietsch.de

ISBN 978-3-939570-38-7

Inhalt

Teil 3: Göttlich leben in der Goldenen Welle allen Seins

Liebe Kryon-Freunde!

Willkommen im Feld der Einheit, wo Kryon zu Hause ist ... Wie schon im ersten Band von *Ein Kurs in Liebe* geht es nun auch im zweiten Teil hauptsächlich darum, in die Energie Kryons einzutauchen. Er dient direkt der Quelle allen Seins. Und das bedeutet, dass er uns direkt in das Feld der Einheit führen kann.

Er nimmt uns wie ein Bruder oder väterlicher Freund an die Hand und führt uns in die Welt Gottes. Wir dürfen ihm ganz unvoreingenommen und frei wie kleine Kinder folgen. Ich bin sehr gespannt, welche Erfahrungen diesmal auf uns warten!

Den Leserinnen und Lesern, die zum ersten Mal dabei sind – und Kryon vermittelt mir, dass einige Erwachte hinzugekommen sind –, möchte ich sagen: Sie können in diesen Band einsteigen, ohne die anderen Kryon-Bücher gelesen zu haben. Alle Kapitel sind so angelegt, dass Sie sie nicht der Reihe nach zu lesen brauchen, sondern gut eines herausnehmen können, das Sie gerade anspricht. Ich empfehle Ihnen auch, lassen Sie sich Zeit beim Lesen. Dieses Buch will keine Eile.

Wie Kryon selber sagt, spürt man beim Aufschlagen des Buches sofort seine Energie. „Das ist ein interdimensionales Konzept", betont er. Dies bedeutet, dass die Energie, die wir für den Transformationsprozess gut gebrauchen können, sozusagen sofort abrufbar ist. Wir können in dieses Buch eintauchen, ohne viel zu wissen. Wir sollen außerdem, so bittet uns Kryon, das Buch mit dem Gefühl, also mit dem Herzen, lesen. Es geht hier um die Liebe, wie der Titel der Trilogie schon sagt. Wir sollen unser Herz allmählich von all den Membranen, die wir selbst als Schutz darum herumgelegt haben, befreien. Das ist der Hauptaspekt dieser großen Tansformationswelle, die uns Menschen durchrüttelt.

Wie wundervoll wäre es doch, dächten und handelten wir nur mit dem Herzen. Gäbe es dann noch all die Kriege um Geld, Macht und Religionen? Nämen wir uns dann vielleicht nicht alle an der Hand, lachten laut darüber, wie wir uns in den letzten Jahrtausenden verhalten haben, klatschten in die Hände und freuten uns auf die neuen Wege des Friedens? Wir sind auf dem besten Weg dahin. Immer mehr Menschen erwachen aus ihrem Dornröschenschlaf. Doch nicht ein Prinz lässt uns erwachen, sondern das Geschehen auf diesem Planeten. Vielleicht ist es ja auch ein lieber Stups von Kryon.

Die Welt der Dualität bröckelt. Das zeigt sich in den Kriegen, von denen die Medien ständig berichten, bei Film- und Fernsehstars, in Politik und Wirtschaft und sogar beim sprichwörtlichen Nachbarn, der mit seinen Sorgen nicht mehr zurechtkommt. Überall erkennen wir, dass wir so nicht mehr leben möchten, und beginnen, neue eigene Maßstäbe für unser Dasein zu setzen. Wir wollen die Familie und andere Menschen achten und ehren, aber nicht mehr so, wie man es uns von Kindheit an beibrachte, wie unsere Eltern es von den ihren erfuhren und an uns weitergaben. Wir möchten uns frei machen von gesellschaftlichen Konventionen und immer wieder neu entscheiden können, was für uns gut ist. Das ist, so meine ich, ein toller Bewusstseinsschritt. Dafür müssten wir uns eigentlich selbst einmal loben.

Zugleich neigen wir dazu, uns unter Druck zu setzen und immer mehr von uns zu fordern. Wir sollen schnell, effektiv und produktiv sein. Wir kommen kaum noch zur Ruhe, und liebe Worte des Lobes hören und spenden wir viel zu selten. Das Traurige daran ist, dass dies schon so weit um sich gegriffen hat, dass wir es gar nicht mehr bemerken.

Uns fehlt der Zugang zur wahren, allumfassenden Liebe in unserem Herzen. Wenn wir uns wieder mehr von ihr erfüllen lassen, kann das schon fast von selbst auch bei den anderen um uns herum geschehen. Wenn wir Frieden erreichen wollen, müssen wir bei uns selbst beginnen, das wissen wir inzwischen. Wir müssen uns verändern, unser Bewusstsein muss sich wandeln, dann ändert sich auch unser elektromagnetisches Feld und damit unser Leben und das unserer Lieben, auch wenn dies langsam geschieht und manchmal ganz anders, als wir es uns wünschen. Diejenigen, die wir durch unsere Wandlung anstecken, verändern wiederum ihr eigenes Feld und beeinflussen damit ihre Umwelt. Auf diese Weise setzt sich der Wandel immer weiter fort wie bei einer Kettenreaktion. So kann die Neue Erde wachsen. Das möchte Kryon uns vermitteln.

Die Kryon-Bücher werden im Jahresrhythmus erscheinen. Ich habe auch für dieses Buch die gleiche Vorgehensweise wie beim ersten Band gewählt. Nach meinem Vorwort und dem von Kryon lasse ich mich ganz von ihm führen. Ich weiß nur ungefähr, wo er mich hinlenken möchte und welche Worte und Energien er vermitteln will. Dabei bin ich mir ganz sicher, dass die Energie, die er zur Verfügung stellt, uns in dieser schweren Zeit der Transformation und des Neuwerdens dienen kann. Ich genieße es auch, ganz in die *Goldene Welle* einzutauchen, wie er die Neue Energie gern nennt. Deshalb denken Sie daran: Es geht hier wirklich nicht um Worte und Informationen, sie sind nicht der wichtigste Gehalt dieses Buches. Während Sie lesen, wird die Neue Energie bei Ihnen das tun und bewirken, was Sie gerade brauchen. Vielleicht machen Sie schwere körperliche Transformationen durch, fühlen sich schwach oder ausgelaugt oder sind starken Gefühlsschwankungen unterworfen. Die Energie wird lösen oder in Gang bringen, was nötig ist. Kryon sagt, sie wirkt immer im richtigen Zeitfenster. Lassen Sie sich darauf ein und erlauben Sie sich, einfach zu sein. Das empfiehlt Kryon auch immer wieder. **Sei einfach. Du bist gut, so wie du bist.**

Lassen Sie mich abschließend noch über das vergangene Jahr berichten, über die Seminare und Channelings in den verschiedenen Städten. Kryon hat eingeladen und die Menschen zu uns geführt, für die es jetzt angemessen ist und die die Energie Kryons gut gebrauchen können. Er sagt, er kennt jeden von uns und lenkt die nächsten Schritte, auch in die Seminare, damit das geschehen kann, was geschehen soll und darf. Es kommt also niemand zufällig in ein Kryon-Seminar. Es passiert allerdings öfter, das Menschen berichten, sie wollten eigentlich gar nicht kommen, aber irgendetwas habe sie an die Hand genommen und zum Ort des Geschehens gebracht. Wieder andere berichten, sie hätten Kryon noch gar nicht gekannt, sondern nur die Anzeige gesehen und gespürt: Da muss ich hin. Nach der Veranstaltung sind sie dann ganz gerührt, fühlen sich sehr angesprochen und haben alles verstanden, obwohl ihnen Kryon nicht bekannt war. Ich merke, dass Anfänger in der Gruppe sind, wenn Kryon ganz minutiös die Neue Energie und die Neue Erde erklärt. Wenn unter den Besuchern viele schon lange auf dem Weg sind, arrangiert er die Themen anders. So sind alle Botschaften immer der jeweiligen Gruppe angepasst.

Die Seminare waren im vergangenen Jahr sehr tief greifend. Besonders unser einwöchiges Mallorca-Seminar hat sehr viel bewirkt, erzählen die Teilnehmer. Wenn man eine Woche zusammen ist, kann wirklich viel geschehen, darf viel Klärung sein. Aber auch die Zweitages-Seminare helfen bei der Transformation und klären vieles. Manchmal durften sogar körperliche Symptome gehen. Wir haben in den Seminaren auch viel gelacht. Humor fehlt uns oft, sagt Kryon. Deshalb brachte er uns manchmal so zum Lachen, dass wir gar nicht mehr aufhören konnten. Lachen kann viel lösen, gerade, wenn wir in starken Prozessen sind. Es macht uns entspannter und lockerer in dieser ereignisreichen Zeit und tut unserem vielbeschäftigten physischen Körpersehr gut.

Wie schon im ersten Band von *Ein Kurs in Liebe* sind in den einzelnen Kapiteln kleine Übungen enthalten, in denen Kryon uns in die geistigen Ebenen mitnimmt. Am Ende gibt es weitere Übungen sowie persönliche Erfahrungen von mir. Darf ich Sie nun einladen, Kryon und mich ein Stückchen auf dem Weg in die allumfassende Liebe zu begleiten?

Ich wünsche Ihnen viel Freude mit Kryon!

Ihre
Barbara Bessen

Geliebtes Menschenwesen!

Willkommen zu Hause! Ich heiße dich herzlich willkommen in der Energie von Zuhause! Ich bin Kryon vom Magnetischen Dienst. Das sind die Worte, die du kennst, wenn ich dich einlade, mir ein bisschen Gesellschaft zu leisten. Wir wollen wieder eine Weile zusammen sein. Du bestimmst, wie lange das sein wird. Du wirst auch wissen, wie lange du diesen Energieschub brauchst. Du kennst deine Prozesse, in denen du dich befindest. Und wenn nicht, dann weiß ich es. Ich kenne dich schon lange, ich beobachte in Liebe deinen Werdegang und weiß genau, wo es bei dir ein wenig drückt. Ich habe dich initiiert, dieses Buch in die Hand zu nehmen, weil ich weiß, dass ein bisschen frische Luft von zu Hause dir hilft, deinen Weg zentrierter zu gehen und dich nicht von äußeren Ereignissen ablenken zu lassen. Du hast deinen Pfad des Nachhausewegs manchmal ein Stück verlassen. Du warst neugierig und hast die Nebenwege beguckt. Die muteten dich sehr interessant an. Aber eigentlich sind es lediglich weitere dualistische Spielchen, die dort angeboten werden. Ich helfe dir, wieder den direkten Pfad nach Hause zu finden. Ich geleite dich. Was ist noch zu sagen als Einstieg in diese unsere zweite Begegnung in diesem Kurs?

Was ist ein Kurs in Liebe? Und was soll er bewirken? Eigentlich müsste dieser Kurs heißen: Vom Loslassen der Ängste. Aber das liest niemand gern, oder? Wer wird schon gern an die Ängste erinnert, die in all seinen Besuchen auf der Erde angesammelt wurden? Angst ist mit einer negativen Schicht belegt und erinnert an vergangene Dramen und gescheiterte Aktivitäten. Jeder Mensch kennt dieses Gefühl, fast ohnmächtig vor Angst zu sein. Vielleicht bist du schon ziemlich weit im Beleuchten und Auflösen deiner Ängste. Wenn sie kommen, dann nimmst du sie wahr und lässt sie unbeeindruckt weiterziehen. „Uff, geschafft!", sagst du dann wahrscheinlich und gehst auf deinem Erkenntnispfad weiter. Manchmal ist dies schon sehr mühsam, nicht wahr? Aber sei getröstet, du bist schon sehr weit vorangeschritten. Woher ich das weiß? Ich kann das sehen, interdimensional schauen. Und du kannst das auch, trau dich doch einfach! Die Zeit für Quantensprünge ist da!

Aber obwohl oder gerade weil alles jetzt so schnell und intensiv vorangeht, kommen die Ängste immer wieder zum Vorschein. Es sind Restängste, es sind die Wurzeln, die tief in dir festgewachsen sind.

Angst ist Abwesenheit von Liebe. Dieser Kurs möchte dich dazu bringen, dass du erkennst: Alles ist Liebe, Alles-Was-Ist kann nichts anderes als Liebe sein. Sie ist der Teppich, den die göttliche Einheit webte und ausdehnte bis in die Ewigkeit. Unendlich groß ist der Teppich der Liebe. Er ist die beste Basis für die nächste, sehr turbulente Zeit auf diesem Planeten. Du bist selbst ein Stück dieses Teppichs. Benutze ihn für dich, damit es dir gut geht, damit du für deine eigenen nächsten Schritte und für den Wandel der Erde, den du ja miterlebst und unterstützen möchtest, gut geschützt und gewappnet bist. Deshalb bist du auf diesen geliebten Planeten gekommen. Ich helfe dir, diesen Teppich der Liebe stabiler zu machen. Wie könnte dies besser geschehen als dadurch, dass ich dir deine Liebe zu dir selbst und die Verbindung zu deinem eigenen göttlichen Kern näherbringe? Der rote Faden, der sich durch diesen zweiten Teil von *Ein Kurs in Liebe* zieht, ist die Verbindung zur Quelle allen Seins, das Band des Schöpfers zu dir.

Lass uns gemeinsam auf eine kleine Reise gehen und entdecken, wer du wirklich bist!

Ich bin in tiefer Liebe und Verbundenheit
Kryon

Teil 1

Der Universelle Geist

1

Die Quelle allen Seins

Hast du Lust, wieder einmal tief einzutauchen in die Liebe Gottes und ganz bei dir zu sein, durchströmt von der herrlichen Goldenen Welle, der Energie, die zurzeit äußerst intensiv diesen Planeten durchströmt? Diesen Planeten, der bereit ist, sich aus den Tiefen und Fängen der Materie zu erheben und neue Schritte in der eigenen Evolution zu gehen. Hast du Lust, mir wieder für ein paar Minuten oder auch ein wenig länger zu folgen? Ich nehme dich einfach mit. Ich lade dich ein, mir als deinem Bruder die Hand zu geben und mir vertrauensvoll zu gestatten, dass ich sie für eine Weile halte. Ich möchte dir vermitteln, dass wir immer eins sind, wenn du es möchtest. Du kannst jederzeit wieder in diese Situation hineingleiten, indem du an mich denkst. Schon bin ich da und vermittle dir: Hier ist die Liebe von zu Hause, hier ist die Kraft und die Stärke, die du jetzt brauchst. Hier ist die Leichtigkeit, die dir im Moment vielleicht fehlt, die aber notwendig ist für die nächsten Schritte, die du gehen möchtest. Vielleicht bist du ein bisschen verhärtet und siehst dein Leben durch die Brille der Verbissenheit. Dann können die Worte und Ideen, die dein Höheres Selbst oder ich dir zuflüstern wollen, nicht durchkommen. Ich kann jetzt die Verbindung klären, den göttlichen Strahl direkt zu dir leiten und dich verbinden. Oder aber ich vermittle dir jetzt oder später diese starke Kraft, die nun in dein Leben treten möchte.

Ich kann dir auch gern vermitteln, wie es ist, einmal nichts zu tun, gar nichts. Einfach nur dazusitzen oder dazuliegen und dich der Liebe Gottes hinzugeben. Das ist manchmal das Beste, denn ihr lieben Menschen neigt allzu leicht dazu, euch ständig in Gedanken zu wälzen: „Ist alles richtig, was ich mache? Bin ich wirklich auf dem angemessenen Weg? Oder habe ich gerade mal wieder einen Irrweg eingeschlagen? Ich bin oft so durcheinander, weil ich nicht weiß, wie ich die Goldene Welle allen Seins (die Neue Energie, die auf die Erde fließt) für meine Entwicklung nutzen kann. Was steht als Nächstes an? Ich verheddere mich oft in den Fängen der Gedanken und Erfahrungen, aus diesem und aus anderen Leben. Sie schlängeln sich wie alte Muster immer wieder durch mein Leben und verursachen Verwirrung. Dann sieht es aus, als stagnierte ich. Wie komme ich aus diesem Wirrwarr heraus? Wie finde ich den richtigen Weg für die nächsten Jahre auf diesem Planeten? Ich möchte mein Leben friedvoll, aber auch inhaltsvoll und spannend gestalten. Ich möchte mich von den Erfahrungen lösen, die mich immer noch beeinflussen. Aber wie? Ich habe schon Kryon-Bücher und auch andere Literatur geistiger Helfer gelesen. Aber immer gleite ich aus dieser Energie wieder heraus. Was mache ich falsch?" Solche und ähnliche Gedankengänge bewegen viele Menschen täglich. Ich könnte sie beliebig fortsetzen.

Doch verlassen wir sie einmal und versenken wir uns ins Nichtstun. Wir sind so, wie wir sind: Wir bewegen uns wie Gottes Kinder und erfreuen uns am Sein. Alles, was wir tun müssen, ist, uns darauf zu besinnen, dass wir ein Teil Gottes sind. Wir sind, wie ich gern sage, „Gott im Außendienst". Doch ein Mitarbeiter, den die vorhin erwähnten Gedanken plagen, ist gerade erschöpft und hat vergessen, dass er ein Teil von Gott ist. Er fragt sich: „Wer bin ich? Woher komme ich? Wohin gehe ich?" Auf diese Fragen reduziert sich meist alles.

Wir wollen während unseres Beisammenseins alle Fragen beiseitelegen und uns sagen: „Wir sind im Hier und Jetzt. Wir sind gut, so wie wir sind. Alles ist zu unserem Besten." Ich will dich ermuntern, während unserer Begegnung in diesem Buch und auch außerhalb, wenn du zu mir Kontakt aufnimmst, in allen Situationen der Unruhe, Unwissenheit und sogar Verzweiflung, dir selbst zu sagen:

Ich bin gut, so wie ich bin!

Ich lehne mich nun gemeinsam mit dir entspannt zurück und tauche, wie schon beim ersten Teil dieses Kurses, mit dir hinab in die Wogen des EINEN. Ich nehme dich mit in die Liebe des Vaters, des Schöpfers, dorthin, wo alles gut und vollkommen ist. Denn du bist vollkommen. Nichts an dir ist verkehrt oder unvollkommen. Versuche jetzt, dieses Gefühl der Ganzheit zu entwickeln. Begib dich in die Energie des engen Verbundenseins mit mir. Lehne dich dazu entspannt zurück, mache es dir bequem, atme ein paarmal tief durch und spüre, wie ich deine Hand halte oder meinen Arm um dich lege, oder wähle eine andere Art, wie du dich mit mir verbunden fühlen kannst. Dann komm zur Ruhe und nimm wahr, wie sich alles um dich herum langsam auflöst. Die Zeit steht still für die Dauer unseres Treffens. Möglicherweise kannst du es sogar später an der Uhr feststellen. Du wirst das Gefühl haben, dass wir ganz lange zusammen waren, dabei sind nur wenige Minuten vergangen. Oder du denkst, es waren nur ein paar Minuten, dabei sind fast zwci Stunden verflogen. Wir werden es für dich so gestalten, wie du es brauchst. Denn Zeit ist dehnbar oder kann beliebig verdichtet werden. Zeit ist ein Konstrukt für die menschlichen Erfahrungen, für den Spielplan der Erde. Und wenn du wirklich ganz loslässt und mit mir abtauchst, dann befinden wir uns gemeinsam in der Gottesenergie, in der Jetzt- oder auch Nichtzeit. Wir ignorieren die irdischen Begebenheiten einfach. Wir tauchen in einen geschützten Raum ein und negieren die Zeit. Bist du bereit?

Ich erzähle dir jetzt die Geschichte vom Alten Herrn. Viele Menschen stellen sich ja Gott als alten Mann vor, der allein und gemütlich auf Wolke sieben saß und überlegte: „Was kann ich heute tun? Mir ist ein bisschen langweilig. Ach ja, ich könnte mich ein wenig ausdehnen, mich erweitern oder gar vervielfachen. Das ist eine gute Idee." Weißt du, ich habe nichts dagegen, wenn du dir Gott *so* vorstellst. Gott kann nämlich alles sein, wirklich ALLES. Wenn Gott also alles sein kann, dann ist auch alles möglich. Wichtig ist, dass du dich im Kombinieren, Probieren, Visualisieren und Konstruieren deines Lebens nicht begrenzt. Gerade den irdischen Wissenschaftlern fällt das sehr schwer. Viele haben noch nicht begriffen, dass ohne die göttlichen Parameter nichts, mit ihnen aber alles möglich ist. Du brauchst dir nur vorzustellen, dass alles möglich ist, dann ist auch alles möglich. Wer ist Gott, was ist Gott? Gott ist universeller Geist. Gott ist Geist, der sich immer wieder auf die Suche nach Erweiterung begibt. Du würdest sagen, Gott erfindet sich immer wieder neu. So ist es. Es gibt nichts, was Geist nicht schon gedacht hat. Und wenn etwas neu geschaffen wird, dann ist dieses Neue ein Gedanke, den Gott denkt. Und dann ist es.

Der Teil von Gott, der du bist, hat das alles vergessen. Du bist von weit her gekommen, als du diesen Planeten auserwähltest, um neue Erfahrungen zu machen, darüber haben wir schon oft gesprochen. Es ist nun erstrebenswert, dass du deine göttlichen Qualitäten wiedererkennst und annimmst. So wie Gott denkt und mit einem Gedanken etwas erschafft, so kannst auch du nun dein weiteres Leben gestalten. Was dich daran hindert, sind oft deine Unklarheit, dein Wankelmut, deine Angst, deine Minderwertigkeitsgefühle und vieles mehr. Ich möchte dir in diesem zweiten Teil des Kurses dein

Selbstwertgefühl näherbringen, dich stabilisieren, damit der Gott, der du bist, wieder aktiv und voll funktionsfähig werden kann. Und das Ganze mit einer Prise Humor, denn Verbissenheit behindert den Fluss des Wachsens. Humor ist wie das Salz in der Suppe. Mit einer Prise Salz abgeschmeckt, hat schon so manch fade Suppe vortrefflich gemundet. In deinem Falle möchte ich sagen: Mit Humor geht alles leichter, er ist das Gleitmittel für menschliche Schöpfer. Tauchen wir nun wieder ein in die Gedanken- und Schöpferwelt Gottes:

Gott, der liebe weise Vater auf der Wolke ... Nun, für die, die darüber schmunzeln und sagen: „Na, so wird es wohl nun wirklich nicht sein!", wollen wir etwas sachlicher in die göttliche Welt einsteigen. Gott ist Geist. Gott ist beweglicher Geist, der ständig erschafft. Alles geschieht zuerst im Geist, um sich dann zu offenbaren und sich in einer Form zu manifestieren. Der Gedanke ist das Erschaffungsmodul. Daraus wird etwas geboren, das sich in den Welten der Materie manifestieren kann. Ich bin direkt der Quelle unterstellt. So könnte man den Dienst verstehen, den ich versehe. Aber auch ich kann das, was wir Gott nennen, nicht menschlich erklären. Es ist weder erfassbar noch vermittelbar.

Viele eurer Religionsstifter bekamen von hohen Wesenheiten Durchgaben, die den Menschen ein Bild vom Schöpfer vermitteln sollten. Diese Vorstellungen entsprachen immer dem, was die Menschen in ihrem jeweiligen Entwicklungsstand verstehen konnten. So sind die Schriften aller Religionen dieses Planeten grundsätzlich wahre Worte, die göttliche

Informationen enthalten. Immer angepasst an die Menschen an ihrem Ort und zu ihrer Zeit. Im Laufe der Jahrhunderte wurden diese gechannelten Botschaften durch Übersetzungen und Interpretationen wissentlich oder unwissentlich verändert. Für die heutige Zeit sind sie eigentlich nicht mehr passend. (Damit möchte ich meine religionsorientierten Leser nicht verwirren. Doch heute ist es die Aufgabe der geistigen Lehrer, euch zu vermitteln, dass Gott nicht aus dem Außen wirkt, sondern in jedem von euch selbst.) Und dieser Gott in dir möchte eigenverantwortlich leben. Wenn du betest, betest du auch zu dir, du sprichst mit dir selbst. Ich bitte dich, dies einmal genauer zu überdenken. Wie, glaubst du, funktioniert Beten? Wir werden dies später ausführlicher beleuchten. Was geschieht beim Beten? Wen sprichst du an? Natürlich in erster Linie dich selbst. Den Teil von dir, der die Quelle repräsentiert, der die Quelle *ist*.

Gott ist in allem und jedem. Du musst dir nur dessen bewusst sein. Jeder Baum weiß, dass er ein Teil Gottes ist. Jede Biene weiß es instinktiv auch, sie weiß es und lebt es. Selbst wenn die Gesetze der Natur manchmal grausam erscheinen mögen – sie sind der Vergänglichkeit und dem wiederkehrenden Schöpfungskreislauf unterworfen. Das besagt, dass alles schwingt und nichts stehen bleibt. Es ist ein ständiges Wachsen. Alles ist immer in Bewegung, womit ihr Menschen übrigens oft Probleme habt. Ihr wollt gern etwas festhalten, weil es sich so gut anfühlt, weil neue Schritte so fremd erscheinen, oft nicht kalkulierbar sind und somit auch

Angst aktivieren. Die rührt wiederum vielfach von alten Mustern her, die früher erfahren wurden und bestimmte Emotionen formten, die nun immer noch gespeichert sind.

Fakt ist, dass Gott, dass der Geist ständig erschafft, immer wieder, immer neu, immer erweiternd. So ist es. Ich möchte hier meine ganz einfache Version der Entstehung von Allem-Was-Ist, darlegen: Die Menschen sprechen über die Entstehung der Universen seit dem Urknall. Wie wäre es, wenn du dir dies einmal ganz plastisch vorstelltest? Ein Fünkchen, ein Gedankenmodul, wird vom Schöpfer gedanklich geformt, sodass es sich erweitert. Es wächst, es dehnt sich aus und wird etwas Neues, Größeres. Möglicherweise geschieht dies auch in Form eines großen Knalls. Wichtig zu verstehen ist nur, dass es sich erweitert und trotzdem in sich immer eins bleibt: die Urform des Geistes, göttliche Energie. Am besten stellst du dir das real vor. Ein kleines Etwas erweitert sich. Vielleicht passt der Vergleich mit einem Hefekloß. Er wird groß und dehnt sich aus, wird immer größer. Vielleicht entstehen Löcher, Leerräume, aber es bleibt immer derselbe Hefekloß. Wenn du dieses Prinzip verstehst, dann kannst du auch akzeptieren, dass alles Gott ist. Eigentlich ganz logisch, nicht wahr? Das bedeutet dann auch, dass du verstanden hast, dass Gott in allen Räumen enthalten ist, egal ob sie leer aussehen oder fest und undurchdringlich erscheinen. Damit kann man auch die Fragen der Wissenschaftler bezüglich leerer Räume verständlich machen. Was ist in den Zwischenräumen der Atome? Anscheinend Leere. Aber: In den leer erscheinenden Zwischenräumen der Atome ist die Energie Gottes. Wenn wir nun ganz frech weiter folgern wollen, können wir sagen: In der Leere ist Gott, ist göttliche Energie, ist Geist. Und der ist nie inaktiv. Viele astronomische Phänomene sind so erklärbar. Die Wissenschaftler sind drauf und dran, in dieser Richtung große Erkenntnisse zu sammeln. Wir helfen ihnen dabei. Plötzliche Erkenntnis oder Erfindungen waren zu allen Zeiten aus dem Geistigen initiierte Eingebungen. Das erklärt auch, warum manche Erkenntnisse an mehreren Orten gleichzeitig zum Durchbruch kamen.

Wenn du dir Gott so als den ständig schaffenden Geist vorstellst, dann kannst du ein wenig besser verstehen, wie alles entstand, wer wir sind und vieles mehr. Du wirst dann sicher auch erkennen, dass du eigentlich nicht viel weißt. Das ist das Los vieler Erwachender. Der Geist ist unendlich. Stelle dir einmal den Begriff „unendlich" vor. Sicher hast du die Vorstellung, dass „unendlich" doch irgendwo enden müsse. Wo ist das Ende? Ich darf dir liebevoll versichern, dass du vieles nicht verstehen wirst, solange du auf diesem Planeten Erde weilst. Für deine Erfahrungen, die du hier in der Dualität machen wolltest, war es notwendig, dieses Gefährt, deinen Körper, so zu konstruieren, dass er zu deiner Erfahrungswelt passt. Einfach ausgedrückt: Du wurdest ins Vergessen gestürzt. Du wusstest nicht mehr, wer du wirklich bist: ein multidimensionales Lichtwesen, das von weither kommt, um hier Gott die Möglichkeit zu geben, spezielle Erfahrungen zu sammeln. Das gesamte Wissen ist in einem höheren Anteil von dir gespeichert, aber leider oft (noch) nicht zugänglich für dich. Deshalb ist „unendlich" wirklich ein sehr irdisches Wort.

Nun wirst du zurückgerufen zur Einsatzzentrale. Je nachdem, wie dein weiterer Plan aussieht, ist dein Weg dorthin kürzer oder etwas längerer. Gott atmet wieder ein. Alle ausgesandten Gedanken, alle daraus entstandenen Schöpfungen werden wieder in die göttliche Urmasse zurückgeführt. Daraus werden sicher wieder neue Schöpfungen entstehen. Du bist Urmasse, du bist Geist und wurdest von Gott geformt und in die Welten geschickt, um Erfahrungen zu sammeln. Der Rückruf kann für dich neue Erfahrungen in anderen Ebenen und Welten bedeuten oder eine direkte Fahrt zurück in den Schoß der Einheit. Auch wenn noch andere Erfahrungen in deinem Plan enthalten sind, irgendwann bist du wieder in der Urmasse von Allem-Was-Ist. Das ist dein Werdegang – der meine übrigens auch.

Ich möchte dir in diesem Buch vermitteln, dass du ein Teil des Ganzen bist. Löse dich von der Vorstellung, „nur" ein Mensch zu sein. Dieses Ganze ist unermesslich, unvorstellbar groß und dennoch in jedem Kleinen enthalten. In allem ist der Kern Gottes, im kleinsten Sandkorn und im größten Haus. Alles ist göttliches Bewusstsein. Alles stammt aus der Feder des EINEN. Erkenne deine Multidimensionalität und versuche, sie in dein tägliches Leben zu bringen. Lebe sie. Das ist offensichtlich nicht immer ganz einfach. Nun bist du erwacht, und es gibt kein Zurück mehr. Wir sitzen hier gemütlich beisammen, und ich möchte dich ermuntern, alles in deinem Leben ganzheitlich zu betrachten. Erkenne auch die Zusammenhänge. Denk an die Zwischenräume in den Atomen. Sie sind göttliche Energie. Und was ist göttliche Energie letztlich? LIEBE. Liebe ist der Stoff, aus dem alles gemacht ist. Ist das nicht wundervoll? Wenn du diese Erkenntnis in deinem Leben umsetzt, können immer mehr Wunder in dein Leben treten. Oft denken Menschen ja, Wunder würden von außen gesteuert oder geschenkt. Wir nennen Wunder Synchronizität. Synchronizität geschieht, wenn die Liebe harmonisch wirkt. Wenn all die Werkzeuge des Lebens gut gestimmt sind und das elektromagnetische Feld, das du physikalisch gesehen bist, effektiv auf das große Feld ausgerichtet ist, dann kann alles fließen, was du für dein Leben brauchst. Dann bist du im göttlichen Fluss und nichts kann dich mehr aufhalten, multidimensional zu agieren. Du bist in Resonanz mit Allem-Was-Ist. Ihr kommuniziert sozusagen göttlich miteinander. Wenn das geschieht, hast du erkannt, wer du wirklich bist.

Meine Bitte an dich: Lies diese Zeilen mit dem Gefühl. Ich meine nicht deine Emotionen, die aus Erfahrungen geformt sind. Ich meine die Liebe, die auch du in dir trägst, weil du aus ihr gemacht bist. Lass ganz los und genieße unsere Gemeinsamkeit. Tauche in das große Becken der Schöpfung ein. Es ist unendlich, so wie du unendlich bist. In allen Dimensionen bist du enthalten. Denn auch du warst am Urknall beteiligt. Verrückt, nicht wahr?

Eine Übung für dich

Wenn du Band 1 gelesen hast, kennst du diese Übung bestimmt. Auch jetzt gilt: Beschäftige dich mit Sternenkarten, besuche ein Planetarium, tauche in die große Welt der Schöpfung ein. Du gewinnst dabei eine Vorstellung von der Unendlichkeit. Das gibt dir ein Gefühl der Weite und zugleich der Verbundenheit mit allem. Reise in deinen Phantasien in all die fernen Gebiete, reise im Geiste überallhin. Beschränke dich nicht. Und versuche, noch weiter zu fühlen, als in den Büchern angegeben ist. Stecke dir keine Grenzen und lass dich in die Unendlichkeit fallen. Was ist das für ein Gefühl? Macht es dir Angst? Oder spürst du eine wundervolle Freiheit? Oft hast du während der Erdenzeit eine Begrenzung wahrgenommen. Du wusstest, dass du viel größer bist, als du irdisch wahrnehmen konntest. Nimm dir Zeit für die Einstimmung in die Unendlichkeit und mach dir bewusst: Alles ist göttlicher Geist, der ständig erschafft. Du bist dieser Geist, dieses göttliche Licht. Und ein Teil von dir ist in der Materie. Materie ist verdichtetes Licht.

Weitere Übung

Um dir bewusst zu machen, dass du wirklich in diese Liebe, in den Geist Gottes eingewebt, also niemals allein und ohne göttliche Liebe bist, versuche, dir eine innigliche Verbindung zur Quelle zu schaffen. Probiere es bitte mit dem Gefühl, nicht mit dem Verstand.

Imaginiere, wie du in Gottes Armen geschützt und geliebt gehalten wirst. Du kannst dir tatsächlich den großen Arm einer Gestalt vorstellen oder frei schweben. Du kannst dir ein schönes Plätzchen auf einer Wiese mit hohem Gras oder eine Sandkuhle am Strand vorstellen. Vielleicht ist „Gottes Arm" für dich auch deine mollige Bettdecke oder die Wolldecke in der Gartenschaukel. Alles bleibt völlig dir und deinem Gefühl überlassen. Begib dich ganz in diese geschützte Situation hinein und verweile darin. Nun spüre die Liebe des EINEN, spüre die Liebe zu und in dir. Vielleicht hilft dies dir auch, dich selbst besser anzunehmen. Sei einfach! Es mag ein Weilchen dauern, bis du in diese Tiefe des Gefühls gelangst. Dies mit Worten zu beschreiben ist schwierig. Probiere es aus. In stressigen oder ausweglos anmutenden Lebenssituationen ist es sehr hilfreich, wenn du dich an diesen Ort oder dieses Gehaltensein erinnerst. Auch wenn du schlecht schlafen kannst, weil Sorgen dich drücken, ist diese allumfassende Verbundenheitsübung zu empfehlen.

Barbaras persönliche Erfahrungen

Mein erlernter Beruf brachte es mit sich, dass ich sehr intellektuell geschult bin. Das hat sich im Laufe der Jahre in der Zusammenarbeit mit Kryon natürlich verändert. Aber immer wieder möchte mein Verstand die Führung übernehmen und eventuelle Sorgen oder Probleme intellektuell erfassen und lösen. Es mag Inkarnationen oder auch Zeiten in diesem Leben gegeben haben, in denen das logische Denken äußerst sinnvoll war. Aber in der jetzigen Zeit des Wandels möchte ich gern alle Dinge, die mein Leben bewegen, von einer höheren Warte aus beleuchten und auch in Liebe lösen. Meist unterhalte ich mich mit Kryon über meine Fragen, aber manchmal möchte ich einfach nur eintauchen in die göttliche Liebe. Ich möchte dann gar nicht reden oder resümieren. Einfach zu sein ist dann mein höchster Wunsch. Ich stelle mir vor, wie es wohl sein mag, ganz eng mit der Quelle verbunden zu sein. Wie in einer Eingebung kam irgendwann plötzlich die Idee zu einer kleinen Übung zu mir. Sie ist ganz einfach: Ich stelle mir eine große Hängematte vor und lege mich hinein. Dann sehe ich zwei große Hände, die die Matte an beiden Seiten halten und sie sanft hin- und herschwingen. Ich spüre die zarten Bewegungen, und Ruhe überkommt mich. Manchmal schlafe ich über dieser Vorstellung ein und erwache dann erfrischt und mit der Idee für eine Lösung, falls ich gerade ein kleines Problem hatte. Diese Lösung kommt immer aus dem Herzen. Eines Tages hat sich diese Übung noch etwas verändert. Ich war in meiner vorgestellten Hängematte ein bisschen eingedöst, und als ich wieder erwachte, hatte ich vor meinem inneren Auge das Bild, dass ich in einer großen, warmen, kräftigen, schützenden Hand lag. Es war ein wunderbares Gefühl, und ich habe es ausgiebig genossen!

2

Unser Universum, die Galaxie und das Sonnensystem

Ich erlaube mir nun, dich ein Stückchen weiter in den erdnahen Bereich zu führen. Die Quelle allen Seins ist dir allgegenwärtig. Du kannst dich jederzeit eng mit ihr verbinden, zum Beispiel zu Beginn deiner Übungen. Vielleicht hast du auch deinen eigenen Weg gefunden, dich mit Gott verbunden zu fühlen. Womöglich hast du sogar direkten Kontakt zu ihm als einem väterlichen Freund, der dir Inspirationen zuflüstert. Du fühlst möglicherweise, wie bei diesem innigen Kontakt intensive Energien in deinen Körper strömen. Jeder von euch wird die Verbundenheit auf seine persönliche Art erfahren. Halte den Kontakt, er gibt dir Kraft und hilft dir, Vertrauen zu gewinnen. Hast du Vertrauen zu dir selbst und zu deinem allumfassenden Geist? Wenn du dieses Buch liest, bist du auf dem Weg dahin. Du suchst hier ein bisschen Beistand für dein Leben, das dir vielleicht recht hart erscheint. Du brauchst einen Arm, der dich geleitet. Den sollst du haben. Da ich direkt im Auftrag des hohen Geistes unterwegs bin, darf ich auch dieser Helfer sein. Magst du mir vertrauen? Ich leite dich gern und möchte dir helfen, in dieser herrlichen Energie dein Vertrauen zu Gott wiederherzustellen . Es gab eine Zeit, in der du ganz mit der Einheit verbunden warst. Du warst die Einheit. Du fielst aus ihr heraus, weil dir ein besonderer Vertrag ans Herz gelegt wurde. Scharen von Gottesfunken strömten wie du aus der Quelle, um aushäusig Neues zu erfahren, das sie später als Geschenke und Trophäen mit zurücknehmen würden. Tiefes Wissen bringst du dann mit, das verarbeitet und energetisch wiederverwertet wird. Sozusagen Recycling auf höchster Ebene. Denn erinnere dich: Nichts geht verloren, nichts steht still, alles ist Veränderung. Es ist ein stetiger Fluss der Entwicklung, und du bist mittendrin.

Die Quelle, die Weisheit, das Zentraluniversum erschuf Universum für Universum. Es gibt viele Universen. Wir wollen jetzt, um sozusagen die Ausgangssituation direkt zu erfahren, das Zentraluniversum besuchen. Hast du Lust auf eine kleine Übung?

Stell dir wieder etwas vor, ich helfe dir dabei: Erweitere deine Vorstellung von der Quelle. Stell dir vielleicht einen Hofstaat vor, den der König, Gott, um sich herum hat, seine Heimstatt, seinen Palast, das Zuhause. Sicherlich sieht es daheim etwas anders aus, als du es dir als Mensch vorstellst. Aber da wir ja beschlossen haben, uns nicht zu begrenzen und alles für möglich zu halten, erlauben wir uns, es menschlich zu betrachten. Wenn du gern intellektueller visualisieren möchtest, wird die Quelle vielleicht ein großes bewegliches

Energiefeld für dich sein. Magst du gern menschlich Anmutendes, so ist das Zuhause des Einen wirklich wie eine Stadt in den Wolken. Nimm es so, wie es sich dir jetzt darstellt. Schließe deine Augen und visualisiere das Zentraluniversum, die Zentrale von Allem-Was-Ist. Hier ist der Ausgangspunkt für alle Schöpfungen, die geschahen und geschehen. Du bekommst jetzt Unterstützung von höchsten Ebenen. Vertraue dem, was du siehst und fühlst. Genieße die Verbindung zum Zentraluniversum. Es wird sich nun etwas Konkreteres vor deinem inneren Auge manifestieren. Ein hohes Wesen des Zentraluniversums nimmt Kontakt zu dir auf. Gleite nicht in deinen Verstand hinein, der vielleicht sagen möchte: „Das ist unmöglich, das Zentraluniversum ist so weit weg. Wie sollte da ein Kontakt möglich sein? Das ist bestimmt Phantasie!" Schiebe den Verstand beiseite und gehe ins Gefühl. Genieße die Verbindung zu diesem hohen Wesen. Sicherlich wirst du liebevoll willkommen geheißen. Vielleicht möchte dein Gegenüber dir eine Botschaft vermitteln? Lausche, fühle und nimm wahr, was für dich bestimmt ist. Ich lasse dich einen Moment allein. Lege das Buch aus der Hand und tauche in dein Erleben ein.

Im ersten Band dieser Trilogie haben wir ausführlich über das Visualisieren und das Empfangen von Botschaften gesprochen. Durch die Neuausrichtung des Magnetgitters und durch andere Veränderungen bist du nun in der Lage, Kontakt zur geistigen Welt zu haben. Das ist nicht mehr nur auserwählten Propheten und Weisen vorbehalten. Übe diesen Kontakt immer wieder. Er wird dein weiteres Erdenleben immens erleichtern. Das erstrebenswerte Ziel während der Erdenzeit ist der Kontakt zum eigenen Höheren Selbst. Es ist das Ziel, mit diesem göttlichen Funken zu verschmelzen. Weitere Vereinigungen mit Anteilen von dir in höheren Bereichen sind spätere Ziele. Bist du ganz mit deinem Höheren Selbst, deinem Goldenen Engel, verschmolzen, agierst du in all deinen täglichen Angelegenheiten von einer höheren Warte aus, aus der allumfassenden Liebe heraus. Das verändert dein Leben vollkommen. Doch dazu in einem anderen Kapitel mehr.

Die Begegnung mit einem hohen Wesen des Zentraluniversums wird vielleicht nicht immer so intensiv sein wie jetzt in der Kryon-Energie. Ich habe dir sozusagen eine Plattform für dieses Erlebnis geschaffen. Das gilt übrigens für alle geistigen Aktivitäten. Es gibt immer Stunden, in denen du nicht so gut in der göttlichen Energie bist. Das hängt nicht unbedingt mit dir, sondern auch mit äußeren Faktoren und Störungen zusammen. In solchen Stunden kannst du gern in dieses Buch eintauchen. Das ist ein Phänomen, nicht wahr? Du schlägst dieses Buch auf, und schon bist du mit mir und der göttlichen Energie eng verbunden. Im Grunde brauchtest du nur an mich zu denken. Intensiver ist ein Eintauchen in die Aura des Buches. Das ist ein interdimensionales Konzept. Schau, ich weiß, wer diese Zeilen liest. Ich kenne dich, ich weiß genau, wann du zu diesem Buch greifst. Ob es ein erstes Mal oder eine Wiederholung ist. Ich weiß es und gebe dann noch eine Prise Kryon-Quellenenergie hinzu, damit du für die nächsten Schritte tiefer eintauchen kannst. Analysiere es nicht, vertraue einfach! Irgendwann wirst du dein Interesse am wissenschaftlichen Aspekt der Quantenphysik entdecken, vielleicht um äußere Beweise zu bekommen, wie die Schöpfung funktioniert, oder um die spannende Geschichte Gottes noch tiefer zu beleuchten. Hier beschäftigen wir uns mit der praktischen Seite der Quantenphysik. Du beginnst nicht mit der Theorie, wie Menschen oft viele Dinge beginnen, du steigst gleich in die Praxis ein.

Das Zentraluniversum erschafft immer neu, es ist ständig in Aktion. Schöpfungen werden verändert und erweitert. Das Zentraluniversum dehnte sich aus, es erschuf Tochteruniversen. Davon gibt es sehr viele, und es kommen ständig neue hinzu. Die Quelle erschuf auch Bewusstseinsstrukturen, die ihrerseits eigenständig aus der göttlichen Kraft heraus kreierten. Wie wäre es, wenn du dich mit der Vorstellung anfreundetest, dass du möglicherweise ein Wesen bist, das von einem hohen Wesen erschaffen wurde, welches im Namen der Quelle kreierte? Vielleicht hast du dann auf einer weiteren Ebene ebenfalls mit der göttlichen Energie Bewusstsein erschaffen? Ich gebe gern Denkanstöße, die in dir wirken und dich in weitere Gedankenkreise und Erkenntnisse vorstoßen lassen. Durch diese Art zu kombinieren erweiterst du dein Bewusstsein. Ich vermeide bewusst das Wort „denken“. Denn Denken ist mit dem irdischen Verstand verbunden. Ich möchte, dass du diese erweiternden Kombinationen mit dem Herzen machst. Und das geschieht, wenn du dich für die göttliche Energie öffnest, die jetzt in dein Feld strömt. Lehne dich einen Moment zurück, lass alles auf dich wirken und genieße die Liebe, die dich erfüllt.

Wie du sicher schon bemerkt hast, ist dieser *Kurs in Liebe* wahrlich ein Weg in die göttliche Liebe, in die Einheit. Und wir wollen diesen Weg gemeinsam gehen, aber nicht auf einer sachlichen Ebene und ohne Informationspakete. Denn alle Informationen, die es gibt, sind auf einer höheren Ebene deines Seins in dir gespeichert. Diese Quelle braucht nur angezapft zu werden. Dafür ist kein Lernen notwendig. Kryon möchte dich die göttliche Einheit fühlen lassen. Ich wünsche mir, dass du nicht mit dem Verstand, sondern mit dem Herzen den Weg zurück zur Einheit findest.

Nun, die vielen Hände, die Ausgesandten der Quelle, erschufen viele Universen. Diese wiederum erschufen Galaxien und Sonnensysteme. Wichtig ist, dass du verstehst, dass alles dem Urkern gleicht. Alles ist, wie eingangs beschrieben, ein Ausdehnen der Quelle. Sie erweitert sich, ist in sich aber dennoch eins. So ist es zu verstehen, wenn gesagt wird: „Wie oben, so unten, wie außen, so innen." Alles ist nach dem gleichen Muster geschaffen. Und alles ist in dem EINEN enthalten. Vielleicht hilft dir der Vergleich mit der russischen Puppe. In der großen Puppe ist eine Puppe, ist eine Puppe, ist eine Puppe ... Die kleinsten Teile der Schöpfung, soweit es euch bekannt ist, die Atome und ihre Strings, sind nach demselben Bauplan konzipiert. Alles findet sich in allem wieder. Es ist eigentlich ganz einfach und ein geniales Konzept. Du bist mittendrin und ebenfalls nach diesem Bauplan erschaffen.

Ich möchte dir hier noch eine Übung anbieten, um dir zu vermitteln, wie sich dieser Vorgang des Ausweitens der Quelle abspielen könnte. Schließe deine Augen und stelle dir das Zentraluniversum als eine große Lichtsäule vor. Um diese Lichtsäule herum sind viele Ringe oder Räder, die wie durch Speichen mit der Lichtsäule verbunden sind. Beobachte, wie stetig Energie aus der hohen Säule in die einzelnen Räder geleitet wird, wie es geradezu überall pulsiert. Wenn du nach unten schaust, siehst du unendlich viele Räder. Es werden immer mehr. Auch sie sind ständig in Bewegung. Auch sie erweitern sich, es ist ein ewiges Sichentwickeln. Mystiker sagen, dies sei das Ausatmen Gottes. Wenn Gott wieder einatmet, zieht sich die gesamte Schöpfung zusammen. Sie implodiert, um dann irgendwann wieder zu explodieren, sobald Gott wieder ausatmet. Wenn wir hier überhaupt von Zeit sprechen wollen, so erstrecken sich das Einatmen und das Ausatmen Gottes jeweils über Millarden von Jahren. Aber darüber solltest du dir keine Gedanken machen. Vielleicht magst du zum Abschluss dieser Übung ganz tief ins Gefühl gehen. Spüre die göttlichen Strömungen, denn du bist ja ein Teil von ihnen.

Dieses Universum, in dem wir jetzt zusammenarbeiten – ich bin hier nur zu Gast, ich wurde in einem anderen Universum erschaffen –, ist eines von denen, die noch sehr jung sind. Im Bild deiner Visualisierung gesprochen befindet es sich am unteren Ende. Am seinem äußeren Rand hat es ein Sonnensystem mit einem besonderen Bereich: dem Dualen System. Diese Form des Lernens und des Seins gibt es nirgendwo sonst. Es beinhaltet die Möglichkeit, aus freiem Willen zu agieren. Das mag für dich ein bisschen seltsam klingen. Du fragst vielleicht: „Hat man woanders keinen freien Willen? Darf man nicht tun, was man möchte?" Auf einer anderen Ebene weißt du, was ich meine, wenn ich sage: Außerhalb dieses Systems bist du mit der Quelle ganz bewusst verbunden und lebst in der allumfassenden Liebe. Hier im Dualen System regiert die Kraft der Polarisierung. Hier gilt das Gesetz der Reibung, hier gibt es ein Auf und Ab der Entwicklung. Hier regiert die Kraft von Hell und Dunkel, von Schwarz und Weiß. Aber die Dualität brauche ich dir nicht zu beschreiben. Wenn du nicht gezielt in deiner Mitte und aus dir selbst heraus lebst, erlebst du die duale Welt. Und das passiert dir täglich immer mal wieder, nicht wahr?

Dieses System, in dem du zu Gast bist, ist ein außergewöhnliches Experiment, das auf Ansinnen der Quelle von hohen Wesenheiten für Wesen kreiert wurde, die mutig genug sind, hier einzusteigen und so der Quelle Erfahrungsmöglichkeiten zu geben. Ja, so ist es. All das ist nicht zufällig entstanden, sondern entsprang einem großen Plan des EINEN. Und du bist ein Teil des EINEN, der sich inspiriert fühlte, hier dabei zu sein. Sobald du hier abgeschlossen hast, bist du dir deiner selbst wieder vollkommen bewusst. Dabei spielt es keine Rolle, ob du nur einmalig hier warst, um beim Aufstieg zu helfen, oder als Pionier schon viele Inkarnationen durchlebt hast. Der Schleier des

Vergessens ist dann beiseitegeschoben. Wahrscheinlich wirst du dann und wann sagen: „Meine Güte, wie konnte ich nur so abgelenkt sein, zu glauben, ich sei nur ein Mensch und sonst nichts!" Dann wirst du weitergehen. Als eine Gruppe oder ein Einzelwesen. Doch das ist ein anderes Thema.

Eine Übung für dich

Es ist mir wichtig, dass du erkennst, wie großartig diese Schöpfung wirklich ist. Mag dir das Leben auf diesem Planeten auch oft sehr schwer erscheinen, es ist ein Spiel, manchmal allerdings auch ein Drama. Löse dich aus dem Feld der Spannung, wenn du dich gerade in einem Drama befindest. Wenn du in Situationen bist, die dich anstrengen und traurig sein lassen, sodass ein Gefühl der Ausweglosigkeit entsteht, klinke dich ein in die Weite. Reise zur Quelle, durchforsche das Sonnensystem, lasse deinen Geist einfach treiben. Bewege dich ohne Vorgabe in die Unendlichkeit. Das braucht ein bisschen Übung; habe Geduld und gehe immer wieder in diese Übung hinein.

Barbaras persönliche Erfahrungen

Wie oft stelle ich fest, wie sehr ich doch menschlich geprägt bin! Das kennen Sie sicher auch: Wir gehen alle davon aus, dass jedes Wesen, auch wenn es nicht von der Erde kommt, menschlich aussieht. So wie wir. Ich habe einiges darüber gelesen und auch eigene Erfahrungen gemacht, dass dies hier nur ein kleiner Teil des Bewusstseins der Quelle ist. Ich las von Echsenwesen, die unsere Welt besuchten und auch beeinfluss(t)en. Eines Tages bat ich darum, einmal ein solches Wesen kennenlernen zu dürfen. Ich ging in die Meditation und sah vor meinem inneren Auge ein wundervolles Wesen, dass aussah wie eine große, bunt schimmernde Echse. Es ging eine unendliche Liebe von ihr aus und sie vermittelte mir, dass die meisten Menschen Angst haben, wenn sie die Gattung der Echsenwesen wahrnehmen. Sie kommen aus diesem Sonnensystem und waren vielfach auf der Erde, um zu helfen. Sie gaben den Menschen auch ihren Samen bzw. einige Partikel ihrer DNS-Stränge für ihre spirituelle Weiterentwicklung. Das Wesen sagte mir auch, dass es in diesem dualen System Brüder und Schwestern gäbe, die noch nicht wieder in die allumfassende Liebe eingetaucht seien und andere manipulierten. Das hat sie sehr liebevoll ausgedrückt, meine ich. Ich verstand, dass nicht alles, was sich vor unserem inneren Auge zeigt, in der Liebe ist. Wenn wir Kontakt zu anderen Welten pflegen, müssen wir mit dem Herzen fühlen, ob sie in Wahrheit und Liebe unterwegs sind. Die „Echse" und ich blieben noch ein bisschen beisammen. Sie hat mir ihre Hilfe angeboten, wann immer ich sie brauchen sollte. Es war eine eindrucksvolle Begegnung.

3

Das Planetare Bewusstsein und die „Götter" der Menschen

Wollen wir gemeinsam ein Stückchen weitergehen? Hast du Lust, der göttlichen Kraft zu erlauben, dass sie dir das Verständnis von Allem-Was-Ist näher bringt? Voilà! Dann lass uns einen Blick auf die Erde werfen. Im ersten Buch dieses Kurses haben wir intensiv deinen Kontakt zu Mutter Erde beleuchtet und verstärkt. Wir haben dir bewusst gemacht, dass GAIA ein Teil von dir ist und sich freut, wenn du dies anerkennst und lebst. Wir wollen uns jetzt näher mit dem Bewusstsein der Erde befassen und einen hohen Meister des Bewusstseins besuchen: Sanat Kumara. Eine alte, weise Seele, die seit langer Zeit der Hüter der Erde ist. Es ist schwer zu beschreiben, was er für die Erde tut. Er ist ihr Beschützer, ihr Mentor, ihr Lenker. Er ist auf eine energetische und sehr bewusste Art und Weise eng mit ihr verbunden. Um es gleichvorwegzunehmen: Trotzdem geschehen auf der Erde Dinge, die er nicht beeinflussen darf, weil sie unter den freien Willen dieses Planeten fallen. Ich meine damit die Geschehnisse, die von außerhalb auf die Erde einwirken. Von Wesen, die von weither kommen, technisch hoch entwickelt sind, aber nicht in allumfassender Liebe agieren. Sie leben intensiv den Pfad der Dualität und haben ihren Weg in die Einheit noch nicht gefunden. Das gehört zum Spielplan des Dualen Systems.

Wie kam Sanat Kumara zum Amt des Hüter der Erde? Er lernte in Äonen, sein Bewusstsein extrem zu erweitern. Wenn man sein Bewusstsein immer mehr erweitert, kann man in dem Feld, das man dabei schafft, bewusst agieren. Will man mit der Kraft seines Bewusstseins agieren, bedarf es einer großen Klarheit, eines weisen Verständnisses und eines weiten, reinen Herzens. Dann kann man mit der göttlichen Liebe dieses Feld des Bewusstseins stimulieren. Versuche einen Moment, dir diese Qualitäten vorzustellen. Es bedarf einer langen Schulung, bis dies geschieht. Wie alle Wesenheiten ist auch Sanat Kumara Teil eines Größeren. Seine größere Einheit oder sein Höheres Selbst ist die Wesenheit Vywamus. Alle Höheren Selbst, auch deines, sind miteinander verbunden. Diese Verbindung kannst du dir wie eine Treppe vorstellen. Alles kommt aus der Quelle. Von dort aus teilt es sich immer weiter auf und verzweigt sich. Hohe Wesenheiten erschaffen Teile ihrer selbst, vervielfältigen sich, und schicken sie in das weite Bewusstseinsfeld hinaus, damit sie dort weitere Erfahrungen machen können. Vielleicht hilft dir die Vorstellung von einem Feuerwerkkörper. Er explodiert, und die lichtvollen Partikel strömen weit auseinander und verteilen sich. Nur verglühen die Bewusstseinsfunken nicht, sondern sie kommen wieder in den Urkern zurück, wenn ihr Außendienst beendet ist.

Sanat Kumara hat seine Fragmente im Laufe seiner Schulung auf vielen Planeten Erfahrungen machen lassen. Dazu gehörten auch die Materie und menschliche Paradigmen. Nur auf der Erde hat er vorher nicht gedient. Er möchte sich nicht als Gott der Erde verstehen. Er hält lediglich mit seinem Bewusstsein das Spielfeld der Erde. Was bedeutet das? Wir wollen das näher beleuchten: Damit dieser Planet das werden konnte, was er ist, sind in Äonen verschiedene energetische Gitter um die Erde herumgelegt worden. Sie beinhalten die Voraussetzungen daür, dass Seelenanteile hier menschliche Erfahrungen machen können. Im Laufe der Entwicklung wurden sie immer wieder verändert. Stell dir vor, wie phantastisch es eigentlich ist, als geistiges Wesen in einem selbst gebauten Körper materielle Erfahrungen zu machen. Dieser Planet ist ein Teil eines explodierten größeren Planeten. Er wurde dazu auserwählt, dieses Forum zu bilden. Wesen von vielen anderen Planeten gaben Samen für all die Pracht, die hier vorherrscht. Auch sie wurde im Laufe der Zeit verändert. Arten starben aus, neue kamen hinzu, was wiederum mit der Veränderung der energetischen Gitter zu tun hatte. Man hat viel experimentiert mit den verschiedenen Pflanzen- und Tierarten. Nachbarn von anderen Planeten haben auch mit den Samen von Menschen und Tieren experimentiert. Das hatte zur Folge, dass das Feld, also die Möglichkeit, hier zu sein, immer wieder verändert wurde. Auch der Planet an sich hatte Phasen, in denen Luft und Wasser andere Konsistenzen hatten. All diese Veränderungen lagen in den Obhut von Sanat Kumara und seinen Helfern. Sanat Kumara ist auf der Erde nicht von Anbeginn dabei. Aber seit einigen Millionen Jahren wirkt er mit seinem Mitarbeiterstab. Es sei noch einmal betont, dass auch unter seiner Obhut Dinge auf der Erde geschahen, die nicht beeinflusst werden durften. Ich habe nicht vor, an dieser Stelle ausführlich die Geschichte der Erde zu beschreiben. Das würde viele Bände füllen und ist in dieser Form jetzt nicht meine Aufgabe. Ich möchte dich lediglich liebevoll auf die Ganzheit einstimmen, von der du ein Teil bist. Ich schule sozusagen dein Bewusstsein für die Erweiterung, damit du vielleicht ähnliche Dienste wie Sanat Kumara erfüllen kannst.

Die Samen für die menschlichen Rassen gaben Wesen von umliegenden Planeten wie der Venus und von Sirius, Orion, Aldebaran, den Plejaden usw. Verstehe bitte, dass dies noch komplexer ist. Es sind auch Samen darunter, die nicht aus diesem Sonnensystem stammen. Einige der Kolonisten kommen aus einem anderen Universum. Die Erde ist ein Experiment aus verschiedenen Samen. Damit ist sie wahrlich interdimensional. Eingriffe in die Erde und ihre Bewohner waren mit und ohne das Einverständnis des Erdbewusstseins möglich. Die Menschheit in der jetzigen Form ist erst etwa 100.000 Jahre alt. Ein hervorragendes Beispiel für hohes Bewusstsein waren die Lemurier, über die wir in Band 1 ausführlich sprachen. Von ihnen stammen die Sumerer und die Ägypter ab. Vor dieser Zeit waren die Menschen nicht mit interdimensionalen oder spirituellen Aspekten versehen. Es sind zwar Gruppen ausländischer Gäste hier gewesen und haben auch hier gelebt – dazu passten sie sich und ihr System den irdischen Voraussetzungen an, was oft sehr schwierig war –, aber man kann in diesen Fällen nicht von Menschen sprechen.

Die Plejadier gaben zum Beispiel Anteile für die spirituellen Schichten der menschlichen DNS. Ich weiß, das wirft viele Fragen auf. Setze dich mit diesem Thema folgendermaßen auseinander: Lass es in Ruhe in deinem Geist Revue passieren, und deine Fragen dazu werden dir beantwortet werden. Der göttliche Geist öffnet sich für die Antworten, die du suchst. Du wirst verstehen. Sie fließen einfach in dich hinein.

Es wurde viel über die Geschichte der Erde und ihre außerirdischen Gäste geschrieben. Nicht alles entspricht der Wahrheit. Wahr ist, dass auch heute noch Nachbarn diesen Planeten besuchen, sowohl auf der materiellen wie auch auf höheren Ebenen. Viele Gäste sind fünf- und höher dimensional und für die meisten Menschen nicht sicht- und fühlbar. Das ändert sich mit der Erweiterung des menschlichen Bewusstseins. Öffne dich gern für den Kontakt zu deinen Nachbarn, aber fühle, ob sie in Liebe sind. Bedenke: Du bist der Herr deines Energiefeldes, nichts steht über ihm. Keiner kann und darf dich in deinen Rechten beschneiden. Du bist frei!

„Woher stammen nun all die Götter"?, magst du fragen. Die Wesenheiten, die sich auf der Erde bewegten, sei es, um zu experimentieren, sei es, um der Erde in Liebe zu dienen, waren für entsprechend entwickelte Menschen sichtbar, für andere nicht. Außerdem hing es von der Beschaffenheit des irdischen Sauerstofffeldes ab, inwieweit die Fremden sich materialisieren konnten und wollten. Durch ihre offensichtlichen oder verborgenen Tätigkeiten entstand bei den Menschen der Eindruck, dass diese Fremden etwas ganz Besonderes seien, anders als sie selbst, vollkommener. In den Augen der Menschen vollbrachten sie Wunder. In Wirklichkeit waren diese Wunder aber lediglich physikalische und energetische Aktionen im Einklang mit den kosmischen Gesetzen, die den Menschen allerdings nicht möglich waren. Die Fremden konnten mit den entsprechenden Kräften umgehen, die Menschen auf der Erde aber sahen ihr Tun als Wunder an. Das führte dazu, dass sie sie als Götter empfanden und verehrten. Sie brachten ihnen Geschenke und Bewunderung dar. Selbst nachdem die Fremden ihre Aktivitäten auf der Erde abgeschlossen hatten, hielt der Götterkult an und wurde von Generation zu Generation weitergetragen. Da die Kontakte zu den außerirdischen Nachbarn in vielfältiger Form, zu unterschiedlichen Zeiten und in unterschiedlichen Kulturen stattfanden, haben die Götter in diesen Kulturen jeweils andere Namen, ein anderes Aussehen und unterschiedliche Zuständigkeiten. Man braucht nur in den östlichen Raum zu schauen, wie vielfältig der Götterreigen dort ist. Auch der Götterreigen der Griechen zeigt dies deutlich.

Dies soll keine negative Kommentierung sein. Es ist lediglich eine Erklärung. Im Laufe der Entwicklung der Erde haben sich immer wieder hohe Wesenheiten als Menschen inkarniert, um der Erde zu dienen. Diese liebevollen Wesen handelten im eigenen oder auch in Sanat Kumaras Auftrag, um der Erde göttliches Wissen zu vermitteln und es vorzuleben. Es gab ihrer viele. Jesus war einer von ihnen. Er war eine alte Seele, die lange auf ihren bekannten Dienst vorbereitet worden war. Später wurde er von einer hohen Wesenheit überschattet. Er integrierte ihre Energie, gab sie weiter und machte damit unter anderem all die Wunder möglich. Er war direkt mit dem göttlichen Feld verbunden. Andere Religionsstifter waren ähnlich überschattet und gaben göttliche Ideen an die Menschen weiter, so wie es für die Menschen der jeweiligen Zeit angemessen war und von ihnen verstanden werden konnte.

Damit desillusioniere ich vielleicht einige Leser. Denn dieses Buch werden auch soeben Erwachte lesen, die sich frisch mit dem Neuen Weg der Erde befassen. Meine Aufgabe für die heutige Menschheit, und ich hatte vorher viele andere Aufgaben, ist, zu der Erkenntnis zu führen: **Erkenne, dass du Gott bist, und lebe es.**

Ich habe dieses Götterthema bewusst kurz gehalten. Meine Absicht ist es nicht, tief ins Vergangene einzutauchen. Ich möchte, dass du darauf keine Zeit mehr verwendest. Lebe im Hier und Jetzt, lasse das Alte los. Am besten wäre es, du löschtest alles, was du über die Geschichte der Erde gelernt hast. Bald werden eure Geschichtsschreiber wohl vieles umschreiben müssen. Was meinst du?

Ich möchte noch zu bedenken geben, dass es die Vergangenheit, wie du sie beschreibst, eigentlich nicht gibt. Alle Erfahrungen, die du in anderen Leben machst, geschehen jetzt. Du lebst vielleicht auf der Zeitschiene des Mittelalters und begibst dich dann zurück in die neutrale Zone, wo es keine Zeit gibt. Dann kehrst du wieder zurück auf die Erde auf eine andere Zeitschiene. Durch die Erkenntnisse, die du jetzt gewinnst, durch das Löschen deiner alten Muster veränderst du die anderen Leben. Verstehst du das? Dies bewirkt eine Heilung auf vielen Ebenen und trägt zur Neutralisierung der Erde bei, die sich als Basis zur Verfügung stellt. Interessant, nicht wahr?

Eine Übung für dich

Ich nehme dich jetzt an die Hand und führe dich auf eine Wiese. (Im ersten Buch dieses Kurses findest du eine ausführliche Anleitung für visualisierte Reisen, wenn du da noch Schwierigkeiten hast). Nimm diese Wiese wahr und spüre auch dich selbst, wie du darauf stehst. Streiche über deinen Körper, prüfe, was du trägst. Schaue dich auf der Wiese ein bisschen um. Sind dort Bäume, Sträucher? Hörst du die Vögel zwitschern? Gehe ganz ins Gefühl und sei ganz dort.

Dann schaust du nach vorn und siehst ein Wesen. Es ist der Meister Jesus. Er kommt auf dich zu und möchte dich begrüßen. Er trifft sich heute hier mit dir, um vielleicht ein paar Fragen zu klären, die du zu den Religionen hast. Stelle deine Fragen. Wenn du keine hast, genieße die liebevolle Energie, die er in dein Herz strömen lässt. Wenn du einen anderen Religionsstifter oder Heiligen treffen möchtest, sprich die reine Absicht aus und lass es auf deiner Wiese einfach geschehen.

Weitere Übungen

Ich weiß, dass das Thema Religion viele Menschen sehr bewegt. Sei es, weil sie selbst religiös erzogen wurden oder weil sie in der Familie oder im Freundeskreis damit konfrontiert werden. Wenn du in den Nahen Osten oder zu deinen ausländischen Nachbarn schaust, erfährst du, welche Dogmen von den Religionen entworfen wurden, eingefordert und auch gelebt werden. Wenn du all deine Fragen zu diesem Thema geklärt hast, empfehle ich, es loszulassen. Wie wäre es, wenn du stattdessen das Thema Freiheit in dir programmiertest? Immer, wenn du spürst, dass religiöse Prägungen dein Handeln beeinflussen, mach dir bewusst, dass du unfrei handelst. Versuche dann, das alte Denken beiseitezuschieben und neutral zu agieren. Das bedarf sicherlich einiger Übung, aber du schaffst es. Bitte mich gern um Unterstützung.

Gott ist in dir, der göttliche Geist ist nicht woanders. Du bist es. Ich möchte dir vermitteln, dass ich weiterhin gern mit dir zusammen bin, auch wenn du erst einmal noch im herkömmlichen Sinne religiös leben möchtest!

Wenn du diesen göttlichen Weg weiter beschreitest, wird das Mitgefühl in dir stärker erwachen. Ich möchte dich bitten, alle Menschen, seien sie in deinem Umfeld oder weiter entfernt, direkt oder energetisch in Liebe zu hüllen, wenn sie ihren Weg in die Religionsfreiheit noch nicht gehen können. Auch das ist geehrt und geliebt. Du solltest auch nicht bewerten oder gar missionieren. Alles ist im Fluss, und der Neue Weg der Erde wird für immer mehr Menschen Realität. Viele werden die Sinnlosigkeit der Religionskriege erkennen. Nur braucht es seine Zeit. Sende derweil dein Licht und deine Liebe zu den Nichterwachten.

Barbaras persönliche Erfahrungen

Ich habe mir wohl für diese Inkarnation die Religionsfreiheit ausgesucht. Ich bin konfessionslos erzogen. Dennoch hab ich natürlich im Laufe der Jahre einige Inkarnationen gesehen, in denen ich sehr konfessionsgebunden lebte, auch äußerst extrem, manchmal sogar sehr verbissen. Ich habe die Erfahrung gemacht, dass ich mich von Gott lossagte, weil ich sehr enttäuscht von ihm war. Ich sah mich aber auch in mehreren Leben als Verkünder der Worte Gottes. Oft allerdings mit einem bösen Ende: Ich wurde verbrannt, gesteinigt, getreten, entblößt. Ich habe dies alles losgelassen, hoffe ich. Dennoch kam es immer dann nochmals in mein Bewusstsein, wenn ich vor größeren Gruppen sprechen sollte. Heute fühle ich mich frei, und auch sehr große Menschengruppen, die Kryon hören wollen, machen mir keine Angst. Doch wer weiß, was in den nächsten Jahren noch an gespeicherten Erfahrungen hochkommt?! Aber ich bin sicher, Kryon hilft.

4

Der Neue Weg der Erde

Sanat Kumara spricht:

Ich verbeuge mich vor dir, du geliebter Mensch. Geehrt bist du für deinen Dienst auf diesem Planeten. Auch wenn es dir nicht leichtfällt, in dieser transformationsreichen Ära der Erde hier zu sein. Immer wieder wirst du deshalb von deinen Helfern und deinem Höheren Selbst liebevoll in den Arm genommen. Wir versuchen dir zu vermitteln, dass es sehr wirkungsvoll ist, dass du deinen Dienst hier versiehst. Du tust das hervorragend, und wahrlich, ich verbeuge mich erneut und versichere dir, du bist mehr, als du zu glauben wagst. Der Mensch denkt oft, er sei doch nur ein Mensch, nicht viel wert und nur einer von vielen, die sich auf der Erde tummeln. Das mag so scheinen, aber dieser Schein trügt. Jeder Mensch hat die Möglichkeit, das Licht von tausend Sonnen auszustrahlen. Es geht nur um die Absicht, die reine Absicht, dies tun zu wollen. Das ist schon genug. Kryon spricht oft zu euch, dass die reine Absicht ausreicht, sich auf den Weg ins Paradies zu machen. Ich spreche von dem, was ihr Aufstieg nennt. Wir nennen es Unterstützung der Veränderung der Bewusstseinsfelder des Planeten Erde und der Menschen. Hier geht es um viel mehr als nur darum, euch auf dem Weg in die Meisterschaft zu geleiten. Hier entwickelt sich die Meisterschaft eines kompletten Planetenprogramms. Heerscharen von hohen Wesenheiten, die sonst nicht um die Erde herum patroullieren, sind hier, um dieses Ereignis zu unterstützen. Könntest du sehen, was alles um die Erde herum versammelt ist, du wärest sehr erstaunt.

Erfreue dich an dir und deinem Dasein jetzt auf der Erde. Es ist eine besondere Inkarnation, die es ermöglicht, die Farben in deiner Aura zu erweitern. Sieh diese neuen Farben als Orden an, die in diesem Rahmen der Dualität vergeben werden. Wer hier diente, wird erkannt, respektiert und dafür geehrt, hier gewesen zu sein. Nicht alle Wesen haben so viel Mut, dies zu tun. Und diese Inkarnation erfordert wirklich viel Mut. Wenn ich in die Runde der Leser schaue, dann weiß ich, wie viele schlaflose Nächte du im Zweifel verbringst, ob denn alles richtig ist, was du dir als Nächstes vorgenommen hast. Die Zeit für Quantensprünge ist da. Erkenne, was deine Aufgabe hier ist. Du bist vielleicht als Systemsprenger gekommen. Das bist du sicher, aber du tust es vielleicht im Stillen, indem du leise dein Licht ausstrahlst. Oder du bist der Rebell, der laut herausposaunt, wo auf der Welt etwas im Argen liegt. Vielleicht bist du der, der Bücher mit wichtigen gespeicherten Codes und hohen Energien schreibt, wie diese Partnerin hier. Oder du hast dir ausgesucht, ein Betreuer von Kindern zu sein, ihnen die Sicherheit zu geben, die sie für die anstehende Zeit brauchen. Zwei Drittel der jetzt geborenen Kinder sind alte Seelen, sind hochgeborene Wesen, die der Erde für den neuen Weg zu Hilfe eilen. Sie brauchen Schutz und Kraft für eine stabile Kindheit, damit sie gewappnet sind für die Aufträge, die in ihrer DNS wohlbehütet programmiert sind. Sie erwachen nicht so, wie ihr es tut. Ich meine dieses mühsame Sicherinnern oder das schwere Entlassen der alten Muster. Sie sind von Anbeginn ihres Lebens an in einer anderen Art zu leben hier. Sie wissen, wer sie sind. Für sie sind die Dinge, die ihr euch mühsam erkämpft habt, Normalität. Sie leben die Spiritualität. Sie verstreuen ihre Liebe und ihr Wissen immerfort. Sie schauen euch mit ihren wissenden Augen an. Diese Augen leuchten tief und spiegeln das Universum. Es sind die Alten der Tage, die jetzt vielfach unter euch sind. Und bei einigen wird die Wiederkehr schon lange erwartet. Sie sind aber nicht als die zu erkennen, die sie einmal waren. Sie kommen inkognito, um sich ganz in Ruhe ihren Aufgaben zu widmen.

Liebe Freunde, es ist eine brisante Zeit, die jetzt abläuft, es ist die Zeit, die ihr lange erwartet habt. Deshalb seid ihr hier. Ihr seid wahrlich Systemsprenger, und es ist wichtig, dass ihr dies auch mit euch selbst in eurem Leben tut. Sprengt alle Ketten, legt das Büßergewand nieder. Es ist keine Zeit mehr zu trödeln. Worauf wartet ihr? Wir sind neben euch, wir helfen, wo wir helfen können. Schaut, alle Aktionen, die wir mit euch gemeinsam machen, seien es die Seminare, die ihr gebt, seien es Aktionen im Garten oder generell auf der Welt, die ihr als „Energie verankern" bezeichnet, sind Aktivitäten, um die Erde zu verändern. Dasselbe gilt für das Umsetzen neuer Ideen, die Politik, Wirtschaft, soziale Bereiche und anderes betreffen. Auch bei persönlichen Veränderungen sind wir immer helfend da. Du bist dir dessen oft nicht bewusst. Du fühlst dich manchmal allein und denkst: „Wie soll ich das alles nur schaffen? Ich bin doch nur ein Mensch." Weit gefehlt. Wir sind da und helfen bei den oft sehr unspektakulären Schritten, die sich dann als Supersache entpuppen. Bei vielen Schritten erkennst du erst im Nachhinein, was sie bewirken. Von uns inspiriert tust du vielleicht instinktiv etwas Verrücktes. Oft bist du ahnungslos, du machst es einfach. Und manchmal wunderst du dich hinterher darüber. Manchmal, und das ist noch verrückter, war deine Aktion nur ein kleines Stückchen in einem ganzen Puzzle, das sich nun vollenden kann. Deine kleine Tat war das i-Tüpfchen und hat das Spiel zum Abschluss gebracht. Ja, so ein wundervolles Wesen bist du.

Herzlichen Glückwunsch zu deinem Entschluss, noch ein bisschen auf der Erde zu bleiben und zu dienen. Es gab bei dir, wie bei fast allen von euch, die Idee, die Erde zu verlassen. Sei es, weil es zu schwer erschien, deine Entwicklung und die der Erde zu ertragen. Oder weil du glaubtest, dein Vertrag sei erfüllt. Kryon beschreibt es oft so klar: Du hast in einem Leben verschiedene Leben. Du beendest eine Inkarnation und steigst einfach in die nächste ein, ohne die Erde zu verlassen. Einige von euch haben sich für die Erdenzeit vorgenommen, besonders viel aufzulösen. Dann erwies es sich als schwerer als gedacht. Und schon war der Gedanke da, dieses Leben doch noch mal durch den Übergang, den Tod, zu beenden. Wie schön, dass du geblieben bist. Ich darf dir verraten, dass die Klippe gemeistert ist. Mag es manchmal auch noch so schwer sein, du wirst vorerst bleiben. Ob du dann die Erde durch den Tod verlässt oder anderweitig weiterschreitest, ist deine persönliche Entscheidung. Wisse, dass niemand von uns das für dich entscheidet. Du und dein Höheres Selbst, ihr seid die Meister eures Lebens. Ihr bestimmt, wie es für dich weitergeht.

Ich darf dir versichern, dass die nächsten Jahre für alle hier auf dem Planeten nicht ganz einfach sein werden. Damit möchte ich keine Angst schüren. Wenn du ganz bei dir bleibst, dich immer mehr auf dein Höheres Selbst einlässt und ihm gestattest, dich zu führen, wirst du stets zur passenden Zeit am richtigen Ort sein, um zu tun, was zu tun ist. Du wirst es wissen, und du wirst es erledigen. Wie so oft tust du dann etwas, ohne recht zu überlegen. „Es" hat für dich schon gedacht. Du bist dann direkt mit der Göttlichkeit verbunden und erledigst das Richtige. Vielleicht bist du anderen behilflich, auch stabil zu sein. Oder du bemühst dich um neue Ideen und Strategien für Schritte, die für die Neue Erde anstehen. Vielleicht hilfst du auch in Krisengebieten, die durch die Reinigungszenarien der Mutter Erde verwüstet sind. Du wirst das Richtige tun. Ich weiß es.

Du möchtest sicher wissen, was nun zurzeit genau meine Aufgabe ist. Weißt du, mein Dienst hat sich seit der Harmonischen Konvergenz 1987 sehr verändert. Ich war lange Zeit der Hüter bzw. der Bewusstseinshalter dieses Planeten. Diesen Dienst übernahm ich vor Äonen. Es ist eine sehr verantwortungsvolle Aufgabe, die ich selbstverständlich nicht allein bewältige. Viele geprüfte und weitentwickelte Wesen sind an meiner Seite, die ebenfalls wie ich eine lange Ausbildungszeit hinter sich haben, wenn man dies überhaupt so nennen kann. Wir haben auch einige irdische Standorte, einer ist als Shambala bekannt und liegt über der Wüste Gobi. Einer befindet sich im Inneren der Erde. Wir agieren überwiegend fünfdimensional, obwohl unsere heimatlichen Energiefelder höher angesiedelt sind. Zurzeit haben wir viel Kontakt mit Abgesandten aus anderen Ebenen und Sonnensystemen. Auch aus anderen Teilen dieses Universums sind Botschafter und Wissenschaftler hier, um behilflich zu sein. GAIA kehrt wieder in ihre ursprüngliche Umlaufbahn zurück, die sie vor langer Zeit verließ, als sie in mehrere Teile zerbarst. Sie hießt damals Tiamat. Kryon hat das bereits beschrieben. Der Spielplan für die Erde, die Blaupause, die damals geschaffen wurde (noch nicht unter meiner Aufsicht), war eine minutiös gewebte Materienstruktur, die es erlaubte, dass lichte Wesenheiten in einen Körper schlüpfen konnten, um Erfahrungen damit zu machen. Du kannst dir vorstellen, dass es lange dauerte, bis alles so zusammenpasste, dass Wesen hier leben konnten. Der Plan wurde einige Male neu strukturiert. Auch deshalb, weil unsere Pläne von anderen durchkreuzt wurden. Doch das ist ein anderes Thema.

Bleiben wir bei dem Neuen, bei dem Phantastischen, das jetzt ansteht. Die Erde wandelt sich und wird auf einer höheren Stufe wieder in ihre alte Struktur zurückkehren, allerdings verändert, denn es ist kein Schritt zurück, sondern einer nach vorn. Es ist wie ein Super-Experiment, bei dem keiner so genau weiß, wie die Einzelheiten sich entwickeln. Da alles Bewusstsein ist, stelle dir bitte vor, dass die Erde und ihr Menschen die wichtigen Katalysatoren seid. Wie werdet ihr euch weiterhin verhalten? Das fragen wir uns oft. Ihr habt die Chance, euch ganz ins eigene Licht zu stellen. Habt ihr den Mut, loszulassen und zu vertrauen, dass alles so gut ist, so wie es ist?

Wir vertrauen euch. Wir wissen, es gibt Gruppen von Menschen, die gezielt mit uns arbeiten, die immer dabei sind und mit ehrlichem Herzen agieren, weil sie um die Wichtigkeit der Sache wissen. Aber es fehlen noch ein paar. Noch ist das Baby nicht in trockenen Tüchern. Ja, lasst uns ein bisschen humorvoll über die Sache sprechen. Ich weiß ja, ihr gebt euch Mühe, ein jeder von euch. Auch wenn du dir nicht bewusst bist, welche Aufgabe du hier zu erledigen hast, so hilfst du der Erde immer dann, wenn du in Leichtigkeit bist. Sei leicht und froh, schicke Licht und Liebe in die Welt, umarme die Erde, achte jedes Wesen, das dir begegnet. Liebe es, auch wenn es dir wehtut. Erkenne, dass alles dabei ist, sich zu verändern. Du hilfst auch immer dann mit, den Pfad zu halten, wenn du einfach Liebe bist. Deine konkrete Aufgabe, die du gern erfüllen möchtest, wird sich dir offenbaren, wenn es so weit ist. Bis dahin sei friedlich mit allem und liebe dich selbst. Denn wer sich nicht selbst liebt, kann auch die Erde nicht so lieben, wie sie es jetzt braucht. All die Unwetter sind Teil der irdischen Läuterung. Auch wenn einige von den Dingen, die jetzt geschehen, von Elitewissenschaftlern menschlich forciert sind und von Politikern eingesetzt werden. Da geht es um Machtstrukturen, um Experimente von unreifen Seelenanteilen, die noch ganz auf dem Spielfeld der Dualität agieren.

Schenke der Liebe Beachtung, nicht dem, was nicht so grandios erscheint. Lass dich nicht von Äußerlichkeiten beeinflussen. Das Wahre geschieht in deinem Inneren und in dem von Gaia. Da du, wie ich, wie wir alle, in einem Feld verwoben bist, überlege dir kurz, was dein guter Gedanke bewirkt. Jeder Gedanke, den du denkst, geht ins Feld hinein, zieht seine Kreise und kommt auch auf dich zurück. Wie wäre es, wenn du immer öfter Liebe ins Feld schicktest, ohne genau zu wissen, wohin sie soll? Das göttliche Feld ist intelligent und weiß, wo deine gute Absicht und deine Liebe eingesetzt werden können. Deine Liebe wirkt auch ohne eine Zielangabe.

Was ist noch zu tun? Lebe den Tag bewusst, überdenke, ob all deine täglichen routineartigen Handlungen noch deiner Auffassung von der Neuen Erde, der Neuen Welt, dem Goldenen Zeitalter entsprechen. Wenn nicht, dann verändere dein Leben. Je mehr Menschen bewusst leben, desto leichter hat es Gaia.

Was meinen Dienst anbelangt, möchte ich noch ergänzen, dass wir hohen Besuch aus dem Zentraluniversum haben. Uns steht hier eine Wesenheit zur Seite mit höchsten, klaren Energien und heimischen Instruktionen von dem EINEN, wie immer du dies auch interpretieren magst. Die Erde ist in höchster Obhut. Und sei versichert, dass das Licht siegen wird. Mögen auch diejenigen, die ihre Machtspielchen weiterverfolgen wollen, noch so viele nebulöse Aktionen starten. Mach dir keine Sorgen! Wir dürfen jetzt bei einigen Transaktionen eingreifen. Das durften wir früher nicht. Aber noch immer regiert der freie Wille. Wie wäre es, wenn du deinen freien Willen unter die Obhut deines Höheren Selbst stelltest? Wenn du sagtest: „Führe mich auf meinem Weg, du wirst wissen, was jetzt zu tun ist, was ansteht. Ich vertraue dir!" Das wäre ein weiser Entschluss und nebenbei bemerkt sehr einfach. Nein, du gibst dein Leben nicht in fremde Hände. Es bist du selbst, der jetzt endlich die Fäden in der Hand hat, frei von äußeren Einflüssen, direkt in göttlicher Hand.

Sei versichert, wir hier im inneren und äußeren Bereich der Erde tun unser Bestes für den Bewusstseinswandel von Erde und Mensch. Wir haben große Unterstützung von galaktischen Räten und Institutionen. Der Pfad ist gesichert. Die Erde wird ihren Weg machen, mit oder ohne die Menschen. Willst du den Weg mit beschreiten? Gut, dann halte dich fest, sitze gut im Sattel, dir wird nichts geschehen. Vertraue. Ich bin Sanat Kumara.

Eine Übung für dich

Wenn es dir Freude bereitet, steht Sanat Kumara dir gern für einen Besuch zur Verfügung. Wir wollen ihn auf der imaginären Wiese treffen. Schließe deine Augen und begib dich auf die dir bekannte Wiese. Betrachte dich selbst auf der Wiese, streiche mit den Händen über deinen Körper und nimm wahr, was du trägst. Nimm deine Umgebung mit allen Sinnen wahr. Fühle alles, was du siehst. Fühle das Gras, die Bäume, vielleicht einen Teich. Erlebe alles ganz so, als ständest du irdisch real dort. Und glaube mir, es ist wirklich, diese Ebene ist genau so real wie die, die du mit deinen äußeren Augen siehst. Jetzt sieh, wie ein Wesen auf dich zukommt. Es ist Sanat Kumara. Du weißt jetzt, was zu tun ist. Lasse dich ganz auf diese Begegnung ein.

Wenn du einen Besuch in Shambala machen möchtest, solltest du vorher im Geiste fragen, ob es angemessen ist. Du wirst eine Antwort bekommen. Du wirst auch wissen, wann der passende Zeitpunkt gekommen ist. Lehne dich zurück und warte ab, was passiert. Vielleicht erfolgt dein Besuch auch auf der Traumebene. Oder du wirst deinen irdischen Körper zurücklassen und mit deinem Ätherkörper reisen. Was für dich richtig ist, wird dir vermittelt, mache dir keine Sorgen.

Barbaras persönliche Erfahrungen

Ich hatte noch nie direkten Kontakt mit Sanat Kumara. Es hat sich irgendwie nie ergeben. Jedenfalls ist es mir nicht bewusst. Aber wer weiß, ob ich nicht öfter in Shambala war, ohne dass es mir bewusst ist oder ich mich daran erinnere. Nun, jetzt habe ich gerade eben den Text empfangen. Und ich frage ihn, ob ich ihn besuchen darf? Seine Antwort lautet: „Unser Zentrum des Erdrates steht dir jederzeit zur Verfügung. Wenn es dir recht ist, halte dich später bereit und wir werden dich empfangen. Es ist mir bzw. uns eine Ehre. Ich darf dir sagen, dass es deine Erwartungen übersteigen wird. Ratsam ist, sich ganz zu öffnen und sich nicht zu begrenzen. Erlebe dies wie ein Kind, schalte den Verstand aus und genieße." Die Reise ist dann am Abend geschehen. Sie war atemberaubend. Ich wurde allerdings gebeten, keine Einzelheiten zu beschreiben. Auch aus dem Grund, weil es eine sehr persönliche Erfahrung ist und weil andere Reisende unvoreingenommen in dieses Abenteuer hineingehen sollen. Es war eine sehr schöne, fast unbeschreibliche Erfahrung. Vielen Dank, Sanat Kumara!

5

Die andere Seite des Schleiers

Ich möchte dir nun den erdnahen Bereich beschreiben. Den Bereich, den die Menschen betreten, wenn sie ihr Leben beenden. Ihr nennt es Sterben. Die meisten Menschen haben Angst vor Tod und Sterben. Nur im östlichen Teil dieses Planeten weiß man vielfach, dass Sterben ein Übergang in eine andere Dimension ist. Ein Wechsel in einen Bereich, in dem andere Gesetze herrschen. Die meisten Menschen haben keine Vorstellung von diesen Vorgängen und vom Sinn dieser Sphäre. In der christlichen Lehre, zu der die westlichen Menschen sich hingezogen fühlen, wird unterschiedlich beschrieben, wie es nach dem Tod weitergeht. Ich möchte hier nicht die vielen Strömungen der christlichen Kirche auf ihre Vorstellung vom Tod und dem weiteren Verlauf des Daseins hin beleuchten, sondern dir die Wahrheit darüber ans Herz legen. Selbst wenn du in diesem Leben konfessionslos erzogen wurdest, sind dennoch durch das allgemeine Leben starke Fremdprägungen vom Tod und dem Sein danach in dir. Und die sind überwiegend mit angstbehafteten oder wenig greifbaren Vorstellungen davon verbunden, wie es weitergeht, wenn der Körper den Lebensstrom abgibt.

Das ganze Leben ist geprägt von den Gedanken und Mustern, die du als Mensch formst. Du bestimmst dein Leben selbst. Kein anderes Wesen ist daran schuld. Und auch dein Übergang in die nächste Dimension richtet sich danach, was du erwartest. Auf der anderen Seite des Schleiers geschieht das, was hier langsamer vonstatten geht: Der Gedanke wirkt sofort. Und durch den Gedanken wird das erschaffen, was du dort siehst. Nehmen wir an, die wärest davon geprägt, dass auf der anderen Seite die Hölle wartet oder Petrus dir die Pforte zum Himmel mit einem Passwort öffnet. Dann wird es so sein. Viele Menschen sind darauf geprägt, auf der anderen Seite könnte vielleicht ein Gericht warten, das das eigene Leben beurteilt und dann entscheidet, wie es weitergeht. Manche Menschen sind auch davon überzeugt, dass es gar nicht weitergeht. Sie glauben nicht an die Weiterexistenz der Seele und des Höheres Selbst. Sie meinen, es gebe nur ein Leben und dann sei es vorbei. Wäre es nicht ein Riesenaufwand, das alles nur für ein einziges Mal zu konstruieren?! Was meinst du?

Ein bisschen haben sie recht, wenn sie annehmen, dass alles nur einmal geformt wird und sich dann auflöst. Allerdings nur insofern, als sich die Persönlichkeitsanteile auflösen und das irdische Denken entweicht. Weiter zu bearbeitende Themen werden mitgenommen und der göttliche Kern bleibt. Der göttliche Anteil besteht immer, er geht nie verloren und geht später den Weg zurück in die Einheit.

Wir wollen genauer schauen, wie ein Übergang ablaufen kann: Nehmen wir an, die Zeit des Todes naht. Wenn es so weit ist, dann wird der Mensch von der anderen Seite vorbereitet. Wesen, die ihr als Geistführer bezeichnet, werden versuchen, zarten Kontakt aufzunehmen, wenn er nicht schon bewusst vorhanden ist. Wenn der Mensch angstfrei ist, wird er die Wesen spüren. Vielleicht kann er sie wahrnehmen und hören. Sie geben ihm Mut loszulassen, halten sanft seine Hand und geben Instruktionen, die sich nach der Befindlichkeit des Sterbenden richten. Den Vorgang genauestens zu beschreiben ist schwierig, weil er sich unterschiedlich gestaltet. Wenn ein Mensch krank ist und schon länger mit Tabletten lebt, ist der Kontakt oft schwer wahrnehmbar, besonders wenn Ungewissheit über die andere Seite des Schleiers vorherrscht. Wer sensibler, freier oder offener für alles Weitere ist, wird wahrnehmen, dass die andere Seite des Schleiers wohlbelebt ist. Während der Körper seine Funktionen langsam einstellt, ist es vielfach üblich, dass ein Wechsel der Dimensionen vollzogen wird. Dann befindet sich der Mensch halb auf der einen und halb auf der anderen Seite. Er kann auf beiden Seiten wahrnehmen. Gespräche mit der irdischen Familie sind möglich und mit der geistigen ebenfalls. Das erklärt oft die zusammenhanglos erscheinenden Worte des Sterbenden. Er agiert auf beiden Ebenen. Wir bitten euch Erwachte, euren Scheidenden den Übergang durch viel

Zuspruch und hilfreiches Dasein zu erleichtern. Manche Übergänge gehen sehr schnell, manchmal hält der Scheidende fest aus Angst vor dem, was geschieht. Im Zusammenhang mit dem Erwachen öffnen sich immer mehr Menschen für das Thema Sterben. Vielleicht fühlst du dich berufen, einen Gesprächsabend anzubieten, um aufzuklären. Das ist ein großer Dienst an der Menschheit und hilft auf allen Ebenen. Ein Ziel der Neuen Erde ist, den astralen erdnahen Bereich, in dem unwissende Seelenanteile herumirren, zu klären, ihnen den Weg ins Licht zu zeigen. Und das möchte ich dir jetzt näherbringen.

Der Mensch wird das auf der anderen Seite des Schleiers antreffen, was er erwartet. Diese Dimension hat viele Schichten. In der vierten Dimension, wie wir den erdnahen Bereich oberhalb der dritten Dimension nennen, gibt es generell zwölf Stufen oder Schichten. Innerhalb der unteren Schichten gibt es unzählige Zwischenstufen, Plateaus, die die Vorstellungen des Menschen, wie es dort drüben sein müsste, beinhalten und lebendig werden lassen. Wenn jemand stirbt und große Angst hat, dass er gerichtet wird, wird er genau in die Ebene hineingezogen, die er so angsterfüllt erwartet. Ist ein Mensch sehr mit sich im Reinen, offenen Herzens, vielleicht sehr gläubig und an Jesus orientiert, dann werden Jesus oder seine Helfer diesen Menschen auf der anderen Seite empfangen und ihn in die Territorien leiten, die seinem Erfahrungsstand entsprechen. Es gibt drüben viele Arten religiöser Territorien. Wenn jemand einem Bereich entwächst, löst er sich von dort und geht in eine andere, weitere, oft auch höhere Ebene. Die Entwicklung des Seelenanteils geht auf der anderen Seite des Schleiers immer weiter. So wie du hier an dir arbeitest, deine verschiedenen Stadien und Erkenntnisse erfährst, deine Tore und Initiationen durchschreitest, so setzt es sich dort fort. Es geht immer weiter, es ist nie vorbei, bis du in die Einheit zurückkehrst.

Wenn du nun erahnst, wie der Kosmos funktioniert, wirst du drüben gleich in eine Ebene gehen, die frei von Glaubensvorstellungen und für dich angemessen ist. Das ist der Bereich, wo du in Liebe von Verwandten oder Freunden begrüßt wirst und sicher eine kleine Feier dir zu Ehren stattfinden wird. Dort kannst du dir kraft deiner Gedanken und ganz nach deinem Geschmack einen Bereich schaffen, der dir Freude macht und wo du dich die nächste Zeit gern aufhältst. Du wirst dort weiter lernen oder erst einmal entspannen. Vielleicht tust du dort drüben endlich das, was du hier nicht beenden konntest. Viele Forscher tun sich dort zusammen und experimentieren. Musiker und andere Künstler haben dort keinerlei Begrenzungen, ihre Werke entstehen zu lassen und sich nach Herzenslust auszuprobieren. Dort ist alles möglich.

Menschen, die durch Unfall oder einen sehr plötzlichen Tod auf der anderen Seite eintreffen, nehmen oft lange Zeit gar nicht wahr, dass sie keinen physischen Körper mehr besitzen. Das geschieht öfter, als du annimmst. Die erdnahen Bereiche sind angefüllt mit Seelenanteilen, die weiterhin am

Leben teilnehmen wollen und nicht merken, dass ihr eigenes Leben in dieser Form schon vorbei ist. Ihre Aktivitäten wiederholen sich, und oft sind sie deshalb traurig, irritiert, enttäuscht und wahrlich festgefahren.

Jetzt ist so etwas wie eine Generalamnestie eingeläutet. Deshalb rufe ich jeden einzelnen Leser auf, sich mit diesem Bereich auseinanderzusetzen. Je mehr du feinstofflich sehen und fühlen kannst, desto mehr wirst du feststellen, dass es Orte gibt, die mehrfach leben, bei dir zu Hause, bei Besuchen oder auf Reisen. Sie sind noch bewohnt von Verstorbenen, die den Weg ins Licht noch nicht gefunden haben. Was ist zu tun? Ich habe dies immer mal wieder angedeutet und möchte es heute ausführlicher beschreiben. Wenn du dich angesprochen fühlst, wende es an. Wenn nicht, so wird die Zeit kommen, wo du weißt, dass es nun getan werden muss.

So kannst du behilflich sein: Wenn du irgendwo unfreie Seelenanteile spürst, dann schließe deine Augen. Meist sind das Orte, von denen man sagt: „Es spukt hier." Manchmal „spuken" keine Verstorbenen, sondern Anteile, die sehr wohl wissen, was sie tun. Sie halten sich in den dualen Systemen der unteren astralen Ebene auf und machen sich einen Spaß oder wollen bewusst Menschen verunsichern. Versuche wahrzunehmen, wer sich dort befindet. Vertraue dem, was du siehst. Das können Menschen sein, die aussehen wie im Mittelalter oder aus einer noch früheren Zeit. So lange halten sie sich dort schon selbst gefangen. Nun baue imaginär eine Lichttreppe und bitte zwei Licht-

wesen, sie möchten dort Spalier stehen und die Suchenden in Empfang nehmen. Jetzt sprich die Menschen laut oder im Geiste kraftvoll an und erkläre kurz, was ihnen widerfahren ist. Dann zeige ihnen das Licht. Meist dauert es ein Weilchen, bis sie verstehen. Manche sind sehr dankbar und stürmen die Treppe hoch, andere brauchen etwas länger. Es kann durchaus etwas länger dauern, bis der Bereich geklärt ist. Vielleicht wiederholst du deine Aufforderung an die Menschen, ins Licht zu gehen. Wenn es dir nicht gelingt, alle zu bewegen, die Treppe zu besteigen, mach dir keine Sorgen; ein anderer Erwachter wird deinen Dienst weiterführen. Du kannst nichts falsch machen, wenn du deinem Herzen folgst. Dieser Dienst ist jetzt sehr wichtig. Es gibt auch Menschen, die bewusst aus dem Körper austreten, diese Bereiche reisend durchstreifen und die Seelenanteile dorthin geleiten, wo es ihren Glaubenvorstellungen entspricht. Deine geistigen Helfer, die an der Treppe stehen, tun dies ebenfalls. Es könnte auch geschehen, dass du eigenen Anteilen begegnest. Das sind abgetrennte Fragmente deines Seins, die sich vielleicht während eines Traumas von dir lösten und nicht wieder zu dir zurückgekommen sind.

Wenn die Erde ihre Veränderungen vollzogen hat, wird dieser erdnahe Bereich langsam aufgelöst. Die Seelen, die ihren Weg weiter in der Dualität fortsetzen möchten, werden einen anderen Planeten des Lernens finden. Die Erde wird in ihre höheren Bereiche zurückgehen. Die Menschen, die mitgehen, werden diese Art des Übergangs von der einen Dimension in die andere nicht mehr wählen. Wenn sie gehen, wissen sie, wo ihr Platz ist. Und sie machen sich keine Illusionen mehr über das Leben nach dem Übergang. Für sie ist es wirklich ein Dimensionswechsel, den sie voller Freude, Dankbarkeit und göttlichem Wissen vollziehen.

Es ist für jeden von euch möglich, Kontakt zu den Jenseitigen aufzunehmen, wenn ihr es möchtet und der Hinübergegangene dazu bereit ist. Meist ist es jedoch so, dass sie bereits kurz nach dem Verlassen der Erde die alte Inkarnation vergessen und sich den dortigen Begebenheiten anpassen. Besonders die, die wissentlich gewechselt haben. Das Leben auf der Erde war wie ein Traum, aus dem sie jetzt erwacht sind.

Die Hinterbliebenen denken oft, es gehe dem Verstorbenen nicht gut, weil er auf der Erde gelitten hat. Besonders ein jäher Unfall lässt dieses Gefühl aufkommen. Doch allein wie der Mensch hier über das Leben nach dem Tod dachte, wie weit er als Seele entwickelt war, bestimmt, in welchen Bereich er drüben kommt. Wenn ich von Glaubensterritorien spreche, von Bereichen, in denen eine strukturierte Überzeugung von Leben und Tod gelebt wird, dann heißt das nicht, dass es dort übel zugeht. Es ist ebenso wie hier auf der Erde. Wer bewusst ist, wird das vorfinden, was wir euch hier schon vermitteln möchten: ein Leben in Freiheit, ungebunden, nicht dogmatisch vorgegeben. Trotzdem ist jegliche Ebene auf der anderen Seite des Schleiers ihren eigenen Gesetzen unterworfen. Allerdings ist eine Entwicklung immer möglich. Nicht alle Menschen können durch wiederholte Erderfahrungen ihren „Spielplan Erde" abschließen. Man kann das System auch durch Erfahrungen auf den Ebenen jenseits des Schleiers durchlaufen, andere Planeten aufsuchen und dort lernen. Da du aber das duale System nicht allein bereist, sondern ein Fragment eines Größeren bist, wirst du deine nächsten Schritte immer mit deiner Gruppe und mit deinem Höheren Selbst abstimmen. Erst wenn alle ihren Kreislauf beendet haben, werdet ihr das duale System gemeinsam als ein Ganzes wieder verlassen.

Einige von euch sind in ihrer Struktur schon wieder komplett. Du bist der Anteil, mit dem sich die anderen vereinen, es sei denn, sie wären schon in der fünften Dimension und warteten dort auf die anderen. Diese Vereinigung geschieht im energetischen Bereich. Deine Anteile kommen jetzt in dieser Inkarnation wieder zusammen. Das beschrieb ich schon ausführlicher in anderen Büchern. Du befindest dich auf der interessantesten Zeitschiene, weil auf ihr jetzt die Möglichkeit zur Heimreise angeboten wird. Du hast den Fahrschein nach Hause in der Tasche. Vielleicht entscheidet sich die Gruppe dennoch, die Seite des Schleiers noch einmal zu wechseln, um weiter zu dienen, denn viele alte Seelen werden jetzt für die nächsten Schritte der Erde gebraucht. Das entscheidest du auf einer höheren Ebene.

Der Mensch, der hier lebt, ist ein göttlicher Kern mit Erfahrungsschichten aus alten und dem jetzigen Leben. Du kommst also nie ganz rein und unbeeinflusst auf die Erde. Du hast dein Päckchen auf der Schulter, hast dir eine Familie ausgesucht, die dem entsprach, was du für die Erfahrungen brauchtest, die du hier machen wolltest. Durch diese Wahl hast du den Grundstein für die Erfahrungen mit deiner Familie, ihren Lebenseinstellungen, ihren Freunden, ihrer Stellung in der Gesellschaft usw. gelegt. Das ist nicht zufällig geschehen, sondern war von dir geplant. Ich kann das nicht oft genug wiederholen, weil du immer noch dazu neigst, anderen die Schuld an deinem Unglück oder deinem Schicksal zu geben. Du warst es selbst, der das geschaffen hat.

Wenn du die Erde verlässt, trennen sich deine verschiedenen Anteile voneinander. Der irdische Körper wird seine Funktionen einstellen und sich wieder mit der Erde vereinigen. Deine energetischen Anteile, das sind dein göttlicher Kern sowie ein Teil deines Persönlichkeitsselbst mit den erlernten Mustern und Erfahrungen, verlassen die Erde. Einige Körper deines ganzen Körpersystems lösen sich auf, andere vereinigen sich mit deinem Kern. Der Grad, bis zu dem du erwacht bist, bestimmt, welche Region zu dir passt. Dorthin gehst du. Denn dort hast du die Möglichkeit, dich aus deinen Glaubensbereichen zu befreien. Danach führt man dich in andere Bereiche. Wenn du schon illusionsfreier bist, legst du deine noch nicht abgelegten Erfahrungen bewusst beiseite wie ein Päckchen, das wieder abgeholt wird. Bei deiner nächsten Erderfahrung, die du mit einem Helferteam gut planst, nimmst du das Päckchen wieder mit. Vielleicht ist es mittlerweile auch schon bearbeitet und ein wenig leichter.

Das ist, sehr einfach beschrieben, der Kreislauf der Erderfahrungen. Verstehe es bitte so, dass dieser gesamte irdische Spielplan so etwas ist wie eine süchtig machende Reise in deine Existenz außerhalb der Quelle. Du hast das Bedürfnis, dich immer wieder auf eine neue Lebensreise inzulassen, um dich weiter zu erfahren. Beim Eintritt in dieses duale System wurdest du auf alle Möglichkeiten aufmerksam gemacht, auch auf die Tatsache, dass du ins Vergessen gehst. „Nein, nein", hast du gesagt, „das passiert mir nicht." Na, weißt du jetzt wieder, wer du wirklich bist? Nein, du weißt es immer noch nicht. Sei nicht traurig, diese Energie, die fließt, während du liest, hilft dir, den Schleier immer mehr zu lüften. Und irgendwann sagst du: „Das darf doch wohl nicht wahr sein, ich habe nicht gewusst, wer ich bin. Ich bin umhergetappt und umhergeirrt wie ein kleiner junger Bär, der im ewigen Eis der Illusion seine Mutter sucht." Ja, das bist du. Aber vergiss nicht, du warst im Dienst der Quelle unterwegs. Und das ist doch sehr tröstlich, nicht wahr?

Der irdische Schmerz, den Menschen verspüren, wenn jemand stirbt, sollte ausgeweint werden, weil er sich sonst festsetzt und gespeichert wird. Weine, wenn du traurig bist, denn deine Traurigkeit und dein Kummer müssen entlassen werden. Es geht um die Klärung von festgesetzten Emotionen in der Transformationszeit. Vielleicht hast du auch noch Schmerzmuster durch Todeserfahrungen in dir. Das können der eigene Tod in einem früheren Leben oder der Tod anderer in diesem Leben sein. Betrachte für dich selbst das Thema

Tod. Wie stehst du zum Übergang? Wie hast du den Tod erfahren? Wenn da noch etwas aus alten Leben ist, zücke dein blaues Schwert der Kraft und Eigenermächtigung und schneide wissentlich alles durch, was noch da ist. Wie schon so oft erwähnt: Es ist nicht notwendig, minutiös alle alten Leben nach Mustern und Erfahrungen zu durchleuchten. Beobachte mögliche Themen, die Prägungen beinhalten, beleuchte sie ein bisschen, dann zücke in reiner Absicht dein Schwert und löse das Alte. Mehr ist nicht zu tun. Das mögen einige Menschen nicht glauben, wurde doch in den letzten hundert Jahren viel geschrieben, was man tun müsse, um Altes zu lösen. Ihr nennt es psychologische Arbeit. Wenn du dennoch Hilfe von außen möchtest, suche einen ganzheitlichen und neuzeitlich denkenden Energiearbeiter oder Therapeuten auf, der für dich das Schwert zückt, vielleicht mit der Unterstützung meines Bruders Michael. Ich kann das auch ganz gut, man muss mich nur rufen!

Der Tod ist ein Übergang, das sollte dir nun keine Angst mehr machen. Setze dich mit diesem Thema auseinander und mache dich frei. Dann kannst du auch anderen behilflich sein. Das dient letztlich der Erde.

Wenn dir der Tod keine Angst mehr bereitet, bist du einen großen Schritt vorangekommen. Was bleibt noch? Die Angst, nicht geliebt zu sein, die Angst, kein Dach über dem Kopf zu haben und ohne Essen zu sein. Stimmt's? Das beschäftigt dich noch. Wenn du dich immer mehr deinem göttlichen Funken öffnest, werden auch diese Ängste gehen. Wäre es nicht wunderbar, du hättest keine Sorgen mehr, weil du weißt, du bist mit dem Höheren Selbst und der Quelle, dem göttlichen Feld, eng verbunden und es ist für dich gesorgt, nichts kann dir passieren? Lebte es sich nicht viel leichter? Es ist mein Wunsch, dich dem näherzubringen. Aber wir haben ja noch ein bisschen Zeit, nicht wahr?

Eine Übung für dich

Ich nehme dich mit auf eine Reise: Wir wollen einen Bereich auf der anderen Seite des Schleiers besuchen. Schließe die Augen, atme ein paarmal tief durch und stelle dir vor, wie ich dir meine Hand reiche. Nun entführe ich dich in einen erdnahen Bereich, der wunderschön ist. Wir besuchen die Ebene, wo die Seelenanteile leben, die sich bewusst sind, wie der Kreislauf funktioniert. Wir landen in einer herrlichen parkähnlichen Landschaft. Schau dich ein bisschen um. Nimm dann wahr, wie in der Entfernung andere sind. Sie lachen, fühlen sich frei und sind guter Dinge. Jetzt bemerkst du, wie sich jemand von der Gruppe löst, in unsere Richtung guckt und auf uns zugeht. Er kommt, um dich zu begrüßen. Schau, es ist jemand, den du kennst, der schon von dir gegangen ist, vielleicht vor kurzer Zeit oder schon in deiner Kindheit. Vielleicht ist es eine Großmutter oder ein alter Freund oder gar ein Elternteil. Dieses Wesen wird sich jetzt dir so zeigen, wie du es kennst. Es kann sein, dass es kurz eine kleine äußerliche Veränderung vornimmt, weil es hier ganz anders aussieht. Jeder hat hier die Möglichkeit, sich sein äußeres Selbst frei zu gestalten. Ich lasse dich nun einen Moment allein. Wenn deine Begegnung beendet ist, kannst du einfach die Augen wieder öffnen. Im Gegensatz zu uns, die wir immer an deiner Seite sind und dir jederzeit zur Verfügung stehen, ist der Bereich, den du gerade besucht hast, anderen Gesetzen unterworfen. Ein Besuch hier ist eher die Ausnahme. Dieser Besuch jetzt diente dazu, dir die unbegrenzten Möglichkeiten des Daseins näherzubringen und vielleicht auch deinen Schmerz aufgrund eines Todes zu löschen. Wenn du jetzt weinen möchtest, dann lass die Tränen bitte fließen. Es ist mir eine große Freude, dir so behilflich zu sein.

Weitere Übungen

Du bist nie allein, das ist dir sicher schon bewusst. Ich möchte dir jetzt jemanden aus deiner Familie vorstellen, der immer an deiner Seite ist und dir Unterstützung auf deinem Weg gibt, den du aber nicht sehen kannst. Schließe deine Augen und spüre, wie dir jemand seine Hände auflegt. Es ist ein Familienmitglied, das du aus diesem Leben kennst und das schon hinübergegangen ist. Bedenke bitte, dass es seine eigenen Erfahrungen schon abgelegt hat, sich wahrscheinlich eher vage an Altes erinnert und jetzt frisch und frei an deiner Seite ist, um dir zu dienen, aber auch um zu lernen.

Nun begib dich im Geiste auf die Wiese, nimm dich dort selbst gut wahr, indem du mit den Händen an dir herunterstreichst, und wende dich dann langsam der Umgebung zu. Dort wartet das Familienmitglied, das dich jetzt betreut. Es wird wahrscheinlich neutral aussehen, nicht mehr mit dem irdischen Kleid behaftet, das du kennst. Nimm Kontakt auf und frage, wer es ist. Vielleicht kommen zwei Namen nacheinander. Der, unter dem du dieses Wesen kennst, und der, mit dem es nun angesprochen werden möchte. Jetzt weißt du, wer dich vielleicht vor dem Überqueren der Fahrbahn inspiriert, plötzlich stehen zu bleiben, oder wer dir hilft, einen freien Parkplatz zu finden. Vergiss nicht, dass es hier nicht darum geht, alte irdische Erfahrungen mit ihm oder ihr zu diskutieren, sondern darum, gemeinsam den interdimensionalen Pfad zu beschreiten.

Barbaras persönliche Erfahrungen

Ich bin in einer Trennungsfamilie aufgewachsen. Mein Vater war in meinem irdischen Leben nicht sehr präsent. Das war oft schwierig für mich. Als er 2001 starb, war ich sehr betroffen daüber, wie viel er mir doch bedeutete. Nach einigen Monaten machte Kryon mich darauf aufmerksam, dass sich jemand in meinem geistigen Bereich dazugesellt hätte und mich zu begrüßen wünschte. Auf der Wiese traf ich ein freundliches Wesen jüngeren Alters, das mir nicht bekannt vorkam. Er lächelte und sagte: „Natürlich kennst du mich gut, ich habe nur mein Kleid gewechselt". Einen kurzen Moment lang nahm ich meinen Vater wahr. Dann verwandelte er sich rasch wieder in diesen Jüngling. „Ich heiße jetzt Hans und möchte dich bitten, mich so zu nennen. Wenn du noch ein paar alte Dinge aus unserem letzten gemeinsamen Leben mit mir besprechen möchtest, gern, aber dann möchte ich, so wie ich jetzt bin, an deiner Seite sein und dich bei deinem Dienst unterstützen. Es ist mir eine große Freude. Wir kennen uns übrigens schon aus vielen Leben. Wir waren vieles miteinander: Geliebte, Freunde, Feinde. Ein großes Spektrum. Ich bin dir ein großer Freund. Ich stehe dir zur Seite." Es hat gedauert, bis ich mich daran gewöhnen konnte, dass mein Vater eben nicht mehr *mein* Vater ist. Man kann das intellektuell alles wissen, aber wenn es einem dann geschieht, ist es doch etwas anderes. Heute ist unsere Verbindung eher lustig. Er ist immer da.

Teil 2

Das göttliche Wesen, das du bist

6

Dein göttlicher Bauplan

Du bist nach dem Ebenbild des Schöpfers erschaffen. Das hat zuerst wenig mit den äußerlichen Formen zu tun, an die du jetzt vielleicht denkst. Ich spreche nicht von deinem physischen Körper, gemeint ist die göttliche Struktur deines Seins. Für das Leben auf der Erde bekamst du ein besonderes Kleid. Es wurde eigens für dich konzipiert. Kein Mensch ist einem anderen, jeder ist individuell. Der Kern aber ist göttlich und bei allem Leben gleich. Du kamst aus der Quelle als ein Funke Gottes, der ausströmte, um Neues zu erfahren. Wahrscheinlich warst du als Lichtwesen in vielen Universen und hast dich dort schon umgeschaut. Während du dies tatest, warst du immer das allwährende Licht Gottes. Und wahrscheinlich hast du auch dort jeweils ein körperliches Kleid bekommen, passend zum entsprechenden Universum und dessen Galaxien und Systemen. Dieses Kleid sah vielleicht ganz anders aus als dein jetziges. Wie du sicher schon gehört hast, ist Bewusstsein vielfältig. Alles Bewusstsein, das die Quelle verlässt, ist Licht und kleidet sich in das Gewand, das seiner jeweiligen Erfahrungsebene angemessen ist. Dieses Gewand muss nicht menschliche Züge haben. Es kann auch ganz anders sein, ohne Form. Das hängt zusätzlich von der Dimensionsebene ab, auf der du zu Besuch bist. Je höher die Ebene, desto lichtvoller bist du dort unterwegs und desto weniger fest ist dein Gewand. Auf hohen Ebenen bist du dir bewusst, dass du in viele Bewusstseinsfelder eingebunden bist, wie Sanat Kumara es beschrieb. Stell dir vor, je näher du an der Quelle bist, umso weniger individuell erlebst du dich. Denn jedes Universum hat den göttlichen Kern und dehnt sich dann aus. Diesen Prozess haben wir schon beschrieben. Wo immer du auch sein magst in all diesen Universen, der göttliche Kern ist in dir. Du hast lediglich für deine Erfahrungen eine Form um dich herum bekommen, die deiner jeweiligen Ebene entspricht. Vielleicht kannst du dir dies im Moment nicht vorstellen und fragst dich: „Aber was ist mit mir? Wo bleibt mein Leben? Wo und wie kann ich meine Vorlieben, meine Interessen ausleben?" Du kannst sie auch in der Einheit leben, denn du bist die Einheit, wenn du dir dessen bewusst bist und danach lebst. Auf diese Weise bewusst im Göttlichen verwoben, kannst du deine Individualität noch gezielter und liebevoller leben. Das funktioniert viel besser, weil die Einheit reine Liebe ist und alles zu deinem eigenen und dem Wohl deiner Mitmenschen zusammengefügt wird.

Beobachte einen Moment dein Leben, mach eine kleine Bestandaufnahme und prüfe, wo dein Sein wirklich nur für dich allein stattfindet. Bist du nicht sowieso mit allem verbunden – nicht nur geistig betrachtet? Dein Leben findet nie allein statt, du bist immer mit anderen verwoben. Selbst beim Besuch im Park oder beim Bäcker agierst du nie allein. Alles, was du im Außen tust, ist mit anderen verbunden. So ist das Individuelle auch meist etwas, das auf andere und mit anderen wirkt. Auf einer höheren Ebene bist du in jedem Moment mit anderen Anteilen von dir oder anderen Seelenaspekten beschäftigt. Du agierst immer multidimensional. Das ist gar nicht anderes möglich. Du wurdest fragmentiert, aber die anderen Anteile von dir sind dir jetzt nicht bewusst.

Hast du Lust auf eine Übung? Ich helfe dir wieder gern dabei. Schließe deine Augen, atme ein paar Mal tief durch und komm ganz in die Ruhe. Jetzt bitte ich dich, dir vor deinem inneren Auge dein Feld, das du bist, dieses elektromagnetische Feld, vorzustellen. Es ist ganz einfach. Du visualisierst deine körperlichen Umrisse, und ich übernehme den weiteren Part. Ich zeige dir dein eigenes, feines Gitter, das dich umgibt. Dieses Gitter ist deine feine Struktur, es ist göttliche Geometrie, die dich ausmacht. Du bist insofern aus dem Ebenbild Gottes entstanden, als diese Strukturen überall anzutreffen sind. Wie oben so unten. Ein jedes Universum, ein jeder Stein hat diese Struktur. Nimm dir ein bisschen Zeit, deine eigene Struktur anzuschauen. Ich setze dies für dich in Szene. Beobachte, wie du deine verschiedenen Körper allmählich erkennen kannst und wie sie miteinander verbunden sind. Dann beobachte, wie die Gitternetz-

struktur sie fein durchzieht. Nimm dir für diese Übung Zeit und probiere sie öfter. Du wirst dich im Alltag bewusster wahrnehmen. Es ist beeindruckend, nicht wahr? Ist es nicht fast phantastisch, welch ein komplexes Wesen du bist? Du siehst in dieser Übung dein gesamtes Siebenchakrenkörpersystem, das dich ausmacht. Das ist eigentlich nicht ganz korrekt, weil dein Sein noch weiter reicht. Aber für unsere Übung und dein wachsendes Verständnis ist dies jetzt ausreichend. Erweiterungen offenbaren sich dir, wenn du weiter übst. Vertiefe dich in das elektromagnetische Feld, das du bist.

Es gibt eine Besonderheit bei den Strukturen deines Seins und auch bei den Strukturen der Tiere. Darin unterscheidet ihr euch von dem weitläufigen göttlichen Plan: Weil du dich hier in der Region der Polarität aufhältst, ist auch dein Feld eben dieser Polarität unterworfen. Dein Feld verändert sich ständig entsprechend deinem Verhalten. Dein Verhalten wiederum hängt von deinen alten Mustern, von den Emotionen, die deine Aktivitäten beeinflussen, ab. Stell dir vor, du könntest einmal einen ganzen Tag dein Feld beobachten, während du dich irdisch bewegst. Bei all deinen Gedanken, deinen Aktivitäten, den ganzen Tag über könntest du beobachten, wie dein Feld darauf reagiert. Alles ist Schwingung: Töne sind Schwingungen, Farben sind Schwingungen. Als ich mich einmal beschrieb, sagte ich: „Ich bestehe aus Formen, Farben und Tönen, so wie du auch." So ist es. Ihr entwickeltet etwas, das ihr Aura-Fotografie nennt. Das ist eine Möglichkeit, im Foto festzuhalten, welche Farben dein Feld dominieren. Es beinhaltet nicht nur die Regenbogenfarben, von denen in der heutigen Zeit auch gern mystisch erzählt wird. Die Farben und ihre Kombinationen, die dort erkennbar sind, werden dich erstaunen. Es sind Schattierungen, die du vielleicht noch nie gesehen hast. Das hat auch damit zu tun, dass du mehr bist als die bereits beschriebenen Körper und dass diese höheren Chakren und Körper andere Farben und Schwingungen haben. Die Farben verändern sich immens schnell. Eben warst du noch in helleres Licht getaucht, weil du fröhlich und lebensfroh warst, einen Moment später, wenn ein Anruf dich aus der Fassung gebracht hat, dominiert eine andere Farbe in deiner Aura. So geht es den ganzen Tag. Wenn dein Tag eher anstrengend ist und du oft in einem Gefühlskarussell bist, kannst du dir vorstellen, wie es in deinem Feld aussieht.

Dein Feld verändert sich auch bei Krankheit, in tiefer Trauer, bei Missbrauch von Drogen jeglicher Art. Das Fazit ist: Je ausgeglichener dein Leben ist, desto stabiler, lichter und klarer ist dein Feld. „Was ist zu tun?", fragst du. Betrachte dein Leben und versuche, es so zu gestalten, dass du in Ausgeglichenheit und Zufriedenheit mit dir bist. Du lebst immer noch mit einem Bein in der Dualität, aber wenn du dir vergegenwärtigst, was du eben selbst gesehen hast, kannst du dich bewusst verhalten. In Stresssituationen, in Trauer oder bei Wut, ziehe dich zurück und stabilisiere dich durch Pranaatmung (ausführlich beschrieben im letzten Buch), durch bewusste Herzensöffnung oder durch intensiveres Kontaktieren deines Höheren Selbst. Eine Beschreibung der Begegnung mit dem Höheren Selbst folgt im übernächsten Kapitel.

Daraus kannst du folgern, dass du Herr deines Feldes sein solltest. Nichts und niemand sollte dich so beeinflussen, dass dein Feld trüb und nicht stabil oder geschlossen ist. Denn das ist der nächste Faktor. Dein Feld ist umsäumt von einem lichten Rand. Wenn du genau hinschaust, wirst du einen zarten violetten Rand erkennen. Wenn du nicht bei dir bist, irritiert bist oder krank oder Drogen konsumierst, wird der Rand deines Feld instabil. Er kann unterbrochen und löchrig sein. Wenn du gut geistig schauen kannst und von jemandem um Hilfe gebeten wirst, schaue in die Aura dieses kranken oder instabilen Menschen. Wahrscheinlich wirst du sie als rissig oder löchrig wahrnehmen. Natürlich musst du den Menschen vorher fragen, ob du schauen darfst. Niemand sollte ungefragt so tief in einen anderen Menschen schauen, geschweige denn in seiner Aura agieren. „Wie bekommt man die Aura wieder stabil?", fragst du sicher. Mithilfe des göttlichen Lichtes, der göttlichen Energie, kann das Feld wieder geschlossen werden. Aber vergiss nicht, dass auch die äußeren Umstände verändert werden müssen. Wenn du behilflich bist, aber die Ursachen der Feldverletzung nicht beseitigt werden, wird es bald wieder instabil. Deshalb sprechen wir so oft von der Klärung der Muster, der Emotionen.

Wenn ein Mensch immer wieder in schmerzhafte Emotionen gleitet und in Angst und Panik hineinfällt, schadet dies seiner Struktur. Ein Mensch, der sich bewusst ist, dass sein Denken und sein Handeln sein Leben bestimmen, kann durch verändertes Denken und Beobachten seines Verhaltens über seine Gesundheit bestimmen. Das mag etwas drastisch klingen, aber es ist wahr. Wenn du klar bist und deine Strukturen immer mehr aufräumst, dann wirst du frei, ohne Begrenzung zu handeln, und dein Feld ist stabil. Tue das, was du verantworten kannst, und lebe nicht nach den Dogmen der Umwelt. Diese Dogmen können Prägungen durch den Staat, die Eltern, deine bisherigen Lebensweisen und auch aus alten Leben sein. Du bemerkst sicher, dass ich dies immer wieder sage. Ich habe es heute aus der Sicht deines elektromagnetischen Feldes erklärt. Alle alten Themen aus diesem und anderen Leben sind in deinem Emotional- und Mentalkörper gespeichert. Deine verschienen Körper sind mit den sieben Chakren verbunden, die diese Ebenen lenken. Chakren sind Zugänge zu den entsprechenden Körpern, die du hast, und auch zu den entsprechenden Dimensionen, die wir später noch beim Thema „Außerkörperliche Erfahrungen und geistige Reisen" beleuchten wollen.

Kläre durch bewusstes Beobachten deiner Handlungsweisen und die Gestaltung deines Leben die gespeicherten Erfahrungen, damit du wie neugeboren agieren und reagieren kannst. Der Hintergrund des überlieferten Satzes „Seid wie die Kinder" meint, sich unverfälscht, unbeeinflusst zu bewegen, sich nicht durch gespeicherte und angelernte Strukturen beeinflussen zu lassen. Auch das kann nicht oft genug gesagt werden. Du sagst möglicherweise: „Das weiß ich doch schon, Kryon." Ja, ich weiß, dass du es weißt, aber lebst du es auch? Beginne jetzt, bewusst zu leben. Das ist die Veränderung oder Erweiterung deines Bewusstseins, darum geht es jetzt auf dem Neuen Weg der Erde und der Menschheit. Alles andere ergibt sich aus diesen wichtigen Schritten. Viele von euch Menschen wollen außerkörperlich reisen, hellsehen, hellfühlen, sich teleportieren, durchs All reisen. Das ist alles vor der Tür, das ist euer Geburtsrecht. Doch vorerst musst du wieder das anstreben, was du bist und was durch die vielen Lebenserfahrungen zugedeckt wurde: ein multidimensionales Lichtwesen.

Eine Zusatzinformation für die Leser, die nur für diese eine Inkarnation auf der Erde sind, um ihr zu helfen: Du bist schon mit einer anderen Struktur auf die Erde gekommen. Dein elektromagnetisches Feld ist weitgehend geklärt. Du bist schon verbunden mit den kristallinen Strukturen der Erde. Dein Feld ist lediglich durch die Geburt oder durch Kindheitserfahrungen mit Eltern, Erziehern und Freunden ein bisschen angeschlagen oder derangiert. Wenn du dies hier liest, schicke ich einen besonderen Strahl in dein Herz, damit du weißt, dass du gemeint bist. Du gehörst zu denen, die ganz schnell erwachen sollten, damit der Dienst beginnen kann. Und wenn du dich jetzt fragst: „Ja, aber was ist denn mein Dienst?", dann antworte ich dir: Beschäftige dich mit deinem Feld, nimm Kontakt zu deinem Höheren Selbst auf, pflege die Verbindung und hab ein bisschen Geduld. Vielleicht ist deine Zeit noch nicht reif, und es dauert noch ein wenig, bis dein Einsatz beginnt. Vielleicht hast du plötzlichen einen Gedankenblitz, der dich auf etwas aufmerksam macht. Oder du hast deinen Dienst schon aufgenommen und bist nur noch nicht so richtig sattelfest. Das ändert sich. Vertraue!

Wie du weißt, ist das Feld nicht nur um dich herum, sondern überall. Im ersten Teil des Buches haben wir die Erde und ihren Spielplan ausführlicher beschrieben. Wir sagten, dass sich um die Erde herum einige Gitternetze befinden. Eines davon ist das elektromagnetische Feld der Erde. Alle Felder haben etwas mit dem Spielplan dieses Planeten zu tun. Zusammen mit Sanat Kamura und seinem Team bilden sie eine effektive Voraussetzung, damit hier in der Dualität gelernt werden kann. Bisher konnten die meisten Menschen in allen Zeitschienen dieses große Feld nur selten durchdringen. Auf diesem Spielfeld war es nur partiell möglich, die göttliche Energie zu empfangen, aus der alles besteht und die es möglich macht, durch einen Gedanken alles Gewünschte zu formen ... Nur weit entwickelte Menschen wie Propheten hatten die Möglichkeit, damit zu agieren. Es war nicht leicht und sehr selten.

Durch die harmonische Konvergenz 1987 hat sich der Spielplan der Erde verändert. Die Gruppe Kryon hat für alle Menschen, die jetzt zum multidimensionalen Wesen erwachen wollen, eine völlig andere Voraussetzung geschaffen. Und du bist einer von den Pionieren. Pioniere sind immer dann wichtig, wenn es darum geht, neue Schritte zu gehen.

Viele werden euch Pionieren folgen. Ihr legt die energetischen Linien, ihr verändert das Feld für das, was hier auf der Erde vorher nicht möglich war. Und wie es so ist bei neuen Wegen: Niemand weiß genau, wie sie strukturiert sind und möglicherweise enden. Niemand kann den Weg beschreiben. Du erkundest ihn für dich und die anderen. Wer dir dann folgt, kann ich nicht sagen, das entscheidet jeder Mensch selbst. Doch ich bin sicher, viele erwachen jetzt, weil die Schritte der Mutter Erde unübersehbar sind. Viele werden in die Stille gehen und sich fragen: „Was ist hier los? Warum geschieht dies alles? Was kann ich für mich und die Allgemeinheit tun?" Der Weg der Läuterung beginnt damit, dass du erkennst, wer du sein könntest. Du musst kein Wissenschaftler sein, um zu verstehen, dass dein elektromagnetisches Feld mit dem großen Feld korrespondieren muss, damit du wieder ganz sein kannst und erkennst, dass du nicht nur Mensch bist. Erforsche dein Sein durch innere Reisen und Kommunikation mit geistigen Hierarchien und kontaktiere deinen göttlichen Kern. Er ist der Schlüssel für ein ganzheitliches Leben. Er zeigt dir beispielsweise, wie du mit deinen Zellen sprechen kannst und verantwortlich erkennst, was in deinem Leben wirklich wichtig ist. Und er wird dafür sorgen, dass du aus dem Spielfeld der Erde, durch die Erdgitter hindurch, Kontakt zu anderen Welten pflegen kannst. Auch das war früher eher selten, weil es fast unmöglich war. Ist es nicht eine besondere Zeit?

Die Gruppe Kryon hat das Erdmagnetgitter neu ausgerichtet, damit die Energie deines Höheren Selbst wieder in Resonanz mit dir gehen kann. Das ist die physikalische Grundlage. Du bist nun aufgerufen, mit deiner reinen Absicht die nächsten Schritte der Vereinigung zu gehen. Je mehr Menschen diesen Weg gehen, desto mehr kann sich das Kristalline Gitter um die Erde herum ausbreiten und vernetzen. Das Kristalline Gitter ist die Christusenergie, die in jedem Menschen durch das Höhere Selbst verankert ist. Wenn es freigelegt wird und der Mensch damit in Resonanz geht, wird das Kristalline Gitter, das Christusnetz, das göttliche Licht immer dichter um die Erde gewebt. Möchtest du weiterhin Pionier sein und diese herrliche Aufgabe unterstützen? Du bist geehrt und geliebt für deinen Dienst!

Eine Übung für dich

Vielleicht möchtest du jetzt gern die obige Übung erweitern? Visualisiere nochmals dein Feld. Schließe die Augen. Ich helfe dir, die Konturen deines Körpers und das Feld darum herum zu visualisieren. Probiere so lange, bis du es klar erkennst. Du kannst wirklich glauben, dass ich dir dabei helfe. Ich lenke dich, vertraue. Ich sage dies, weil ich deine Zweifel spüre! Nun gehe ein bisschen auf Abstand zu dir selbst und visualisiere über dir die Erde. Um die Erde siehst du ihr elektromagnetisches Gitter. Ich zeige es dir so, wie du es gut annehmen kannst. Und nun schaue, wie sich dein Feld mit dem des Erdmagnetgitters verbindet. Sie fügen sich ganz harmonisch zusammen, nicht wahr? Du bist jetzt ganz in Harmonie. Bist du nicht in Harmonie, so ist dein Feld nicht in Resonanz mit dem großen Gitter. Dann kann dein Höheres Selbst nicht gut zu dir durchkommen. Jetzt spüre die Harmonie mit deinem göttlichen Kern. Bleib ein bisschen in dieser Übung und spüre die Verbindung zur Erde und zu Allem-Was-Ist.

Barbaras persönliche Erfahrungen

Ich war einmal in einem esoterischen Buchladen, der gerade einen Aurafotografen zu Besuch hatte. Wir machten ein kleines Vorher/Nachher-Experiment. Zuerst ließ ich mich so fotografieren, wie ich bin. Dann verband ich mich intensiv mit Kryon und wurde wieder fotografiert. Das war ein farbenfroher Vergleich. Ich bin, wenn ich mit Kryon arbeite, ganz in Blau gehüllt, am Rand ist viel Licht. Kryon beschreibt seine Herkunftsfarbe als Aqua-Silver-Blue. „Kupfer/Orange ist die Dienstfarbe", gab er mir schmunzelnd weiter. Das hat mit dem Magnetismus zu tun. Die Angehörigen der Gruppe Kryon sind Meister des Dienstes mit Magnetismus.

Weitere Aurafotos habe ich einmal vor einem intensiven zweitägigen Channeling gemacht. Vor dem Channeln war ich wieder in diesem herrlichen Blau. Nach der Veranstaltung und den vielen Channelings waren die Farben sehr schwach und auch auslaufend. Auf meine Frage hin sagte mir Kryon, dass ich mit diesem Channeln eben viel gäbe. Die Energie stärkt mich zwar sehr, das spüre ich auch während der Seminare, aber das Channeln fordert auch viel Kraft von mir. Deshalb brauche ich danach immer eine Zeit in der Stille und Ruhe. Ich werde dann wieder aufgeladen, so empfinde ich es.

7

Ein Kurs in Eigenliebe

Hast du dir schon einmal Gedanken darüber gemacht, wie leicht es eigentlich sein könnte, mit sich selbst in Liebe zu sein? Nein, du findest es gar nicht leicht? Warum nur? Schaust du manchmal an dir selbst herunter und negierst deinen göttlichen Körper, wie viele Menschen es tun? Auch er ist doch aus der Einheit konzipiert. Es mag vielleicht durch Schöpferwesen geschehen sein, die aus anderen Regionen kamen und ihren Samen gaben. Vielleicht irritiert dich dies. Es waren sogar viele Samen, die dein Sein entstehen ließen. Erinnere dich, wir haben bereits darüber gesprochen. Diese Schöpferwesen sind aus der Quelle geschaffen, sind ausgeströmt und haben im Namen des Schöpfers kreiert. Vor langer Zeit haben sie unter anderem in vielen Schöpferphasen den Samen für den menschlichen Körper auf der Erde gegeben. Das Konzept dieser Körper wurde unterdessen vielfach verändert, auch unter Mithilfe von Sanat Kumara. Die Menschen nennen das Evolution. In diese Entwicklung wurde von hohen Wesenheiten zeitweilig gezielt eingegriffen, oft auch auf Anweisung von einer noch höheren Ebene, die wiederum den Spielplan Erde und den Dienst von Sanat Kumara überblickt. Erinnere dich an die Analogie von der Leiter oder den Treppenstufen, mit der ich beschrieben habe, wie die verschiedenen Ebenen aus dem Ganzen hervorgehen und mit ihm verbunden sind. Der Ablauf der Evolution passt genau zu diesem Bild.

Dein Körper ist ein Teil von dir, der dir dient, hier zu sein. Ohne ihn könntest du nicht so herumspringen und Purzelbäume schlagen, wie du es in der Kindheit getan hast. Die Purzelbäume schlägst du im Moment nur im Geiste, nicht wahr? Aber warte nur ab, bis der Verjüngungsprozess sich äußerlich bemerkbar macht. Dann wirst du nur Mut brauchen, um zum Erstaunen aller Familienmitglieder wie früher einen Salto durchs Wohnzimmer zu machen! Ich weiß es!

Dein Körper ist oft ein bisschen traurig darüber, dass du ihn so wenig achtest. Er hat ein eigenes Bewusstsein und agiert daher, so wie du ihn behandelst. Bist du liebevoll mit ihm, freut er sich und sagt: „Oh, mein Boss spricht mit mir, ich freue mich, er bzw. sie hat mich endlich wahrgenommen. Jetzt wird er/sie auf mich achten." Wenn du keinerlei Notiz von ihm nimmst, sondern ihn ohne Aufmerksamkeit behandelst, agiert er ohne deine Unterstützung. Dann ist er wohl eher traurig und sagt vielleicht: „Er/sie hat mich gar nicht lieb, ich werde nicht beachtet. Wüsste er/sie doch nur, dass wir gemeinsam agieren können, damit alles gut, harmonisch und Hand in Hand läuft, wie es sein sollte." Im stärksten Fall der Trennung und des Auslebens der alten Verhaltensmuster schleicht sich ein Krankheitssymptom in dein Leben. Durch bewusstes Wahrnehmen deines Körpers und Zusammenarbeit mit ihm kann dann aber das Gleichgewicht wiederhergestellt werden.

Du bist mit deinem höheren Sein, mit dem Seelenanteil, in diesen Körper hineingegangen. Du kamst und brachtest alle anderen Körper, die dich ausmachen, mit. Deine Betreuer haben sie miteinander verbunden, damit du hier mit ihnen vereint leben kannst. Ich möchte hier einfachheitshalber dein Vierkörpersystem beschreiben: Da ist zunächst dein physischer Körper. Mit ihm verbunden ist der Ätherkörper, der wie die Erde mit Meridianen, wichtigen energetischen Bahnen, erfüllt ist. Sie lenken die lebensnotwendige Energie Gottes in deinen Körper. Der Ätherkörper ist ein Ebenbild des physischen Körpers. Deshalb gelten die beiden in vielen Lehren als eine Einheit und werden nur als ein Körper gezählt.

Dein Ätherkörper beinhaltet auch die wichtigen Chakren, die die göttliche Energie empfangen und verteilen. Die Chakren sind Tore zu den entsprechenden Dimensionsebenen, die Menschen während ihrer Erderfahrungen besuchen. Noch höhere Ebenen, in denen du auch vorhanden bist, erreichst du durch höhere Chakren, die sich über deinem physischen und ätherischen Körper befinden. Diese Chakren sind Tore zu den Ebenen, die du gern erkunden möchtest. Wenn du höhere lichtere Ebenen besuchen willst, ist es allerdings erforderlich, dass du schon entsprechend weit geklärt bist. Du musst in Resonanz mit den jeweiligen Ebenen sein, sonst wird der Zutritt nicht gelingen. Oft erfolgt dieser Zutritt auch mit Unterstützung eines geistigen Helfers, der den Weg weist und hilfreich zur Seite steht. Es ist wirklich dein Geburtsrecht, alle diese Bereiche kennenzulernen. Je mehr du dich mit deinem ganzen Sein beschäftigst, desto besser verstehst du übrigens den gesamten göttlichen Bauplan. Denn in dir ist im Kleinen verankert, was im Großen als Plan geschaffen wurde.

Deine Chakren sind die Tore zu deiner Entwicklung. In der heutigen Zeit sind bei vielen Menschen die Chakren verschmutzt. Das heißt, sie drehen sich nicht korrekt und sind nicht im Fluss. Diese Verschmutzungen sind meist nicht als Umweltsünden im herkömmlichen Sinne zu verstehen, sondern es sind Belastungen, die du selbst produzierst. Jetzt sind wir wieder bei den Ängsten. Jeder Mensch macht hier auf der Erde viele Erfahrungen, die oft mit Ängsten verbunden sind. In deinem zweiten Körper, dem Emotionalkörper, werden diese Ängste, die auch mit Emotionen verknüpft sind, gespeichert. Sie werden dann in passenden oder ähnlichen Situationen aktiv, überkommen dich, und ganz schnell bist du in einem unangenehmen beängstigenden Gefühl, in Unsicherheit. Das wiederum macht sich in den Chakren bemerkbar, sie verlangsamen ihren Betrieb. Dadurch wird die Zufuhr göttlicher Energie verringert. Deshalb empfehlen wir in Angst- oder Paniksituationen, länger tief zu atmen. Du kannst damit deinen Körpern die göttliche Energie zuführen. Tiefe Pranaatmung verhilft dir, in die Ruhe zu kommen. Die Chakren drehen sich wieder schneller und die Versorgung mit der göttlichen Energie ist wieder gewährleistet. Trotzdem solltest du deine Ängste beleuchten, bewusst beobachten und möglichst für ihren Abbau sorgen. Das ist spirituelle Hygiene. Und danach fließt alles leichter.

Dein dritter Körper ist der Mentalkörper. Er ist eng mit dem Verstand verbunden und kann auch die Gehirnaktivitäten steuern. Wenn die göttliche Energie aber gut fließen kann, wird das Gehirn generell vom vierten, dem spirituellen Körper gesteuert. Noch versetzt dies die Wissenschaftler in Erstaunen. Diese vier Körper sind das Grundpaket für alle diejenigen Seelenanteile, die Erderfahrungen machen wollen. Darüber hinaus gibt es das Zwölf-Chakren-System. Es wird von deinen weiteren, höheren Anteilen gesteuert, die den zwölf Dimensionen dieses Universums entsprechen. Je nach dem individuellen Entwicklungsstand des Menschen arbeiten sie mehr oder weniger aktiv ... Jetzt, auf dem Neuen Weg der Menschheit, sind alle Chakren in Bereitschaft beziehungsweise hoch aktiv im Wachstum begriffen. Eigentlich ist es nicht ganz korrekt, von zwölf Dimensionen zu sprechen, weil es nämlich zu den Hauptdimensionen noch weitere Unterdimensionen gibt. Denn in diesem Universum wird bei allen Berechnungen und Planungen das Zwölfersystem verwendet ... Deshalb gibt es unter jeder dieser zwölf Hauptdimensionen zwölf weitere Unterdimensionen und so weiter, ohne Begrenzung. Das kannst du jetzt sicher nicht erfassen. Beschäftige dich damit, wie es dir Spaß macht. Dein Wissen ist deinem Entwicklungsstand angepasst. Du wirst in zwei, drei Jahren viele Dinge, die dir jetzt schleierhaft erscheinen, besser durchschauen. Dein Bewusstsein hat sich erweitert. Auch es ist unendlich.

In dieses Körpersystem bist du als Seelenanteil inkarniert. Du bringst alle Ideen mit, welche Erfahrungen du in diesem Leben machen willst, und erlebst alles mit diesem Körper. Das heißt, er bekommt alles mit, was dir widerfährt, sei es ein Unfall, an dem er körperlich beteiligt ist, oder anderes. Aber auch die anderen Anteile dieses Systems werden davon geprägt. Das Trauma dieses Unfalls ist im Emotionalkörper gespeichert. Bei den nächsten unfallähnlichen Situationen gerät er wieder in dieses Gefühl hinein. Oder dein erster Kuss: Er wird auch von deinem Körper erfahren, mit in allen Facetten des Geschehens. Wenn du einem Menschen begegnest, der äußerlich oder auch gefühlsmäßig deinem Kusspartner von damals ähnelt, steigt die Erinnerung an den Kuss wieder in dir auf. Spannend, nicht wahr? Dadurch wird auch der Eindruck geprägt, den du von diesem Menschen bekommst …

Worauf ich hinauswill, ist: Ohne deinen Körper geht nichts. Er ist immer dabei. Fühlst du dich nun beobachtet? Nein, gut so. Ihr seid doch eine Einheit. Kein Teil von dir ist getrennt vom anderen unterwegs.

Nun bitte ich dich, mit mir eine kleine Reise zu unternehmen: *Schließe deine Augen und stelle dich ganz auf deinen Körper ein. Ich möchte gern, dass du deinen Körper übers Gefühl erforschst. Gehe ganz bewusst durch jeden Teil deines Körpers hindurch. Beginne am kleinen Zeh und ende bei deinen Haaren. Nimm dir bitte Zeit dafür. Spüre, wo Spannungen sind, wo Leichtigkeit ist. Vielleicht kommen Tränen hoch. Der Körperteil, bei dem dies geschieht, ist dann nicht ganz in den göttlichen Teppich eingewebt, er ist in Trennung. Bei vielen Frauen sind das zum Beispiel der Bauch, die Geschlechtsorgane und die Brüste. Das Herz fühlt sich vielleicht etwas bedrückt und eingeengt an. Gerade in der zweiten Hälfte des Jahres 2008 wird viel im Herz- und Lungenbereich geklärt. Dort sind unter anderem die Vertrauensthemen gespeichert. Erforsche deinen physischen Körper. Nimm dir Zeit dafür, da wird ein Besuch nicht ausreichen. Das Ziel ist, dass du deinen Körper besser kennenlernst und verstehst, dass ihr gemeinsam agiert. Ich wünsche mir, dass du ein liebevolles Gefühl für ihn entwickelst. Ihr sitzt doch im selben Boot, ihr seid ein Team.*

Aus dieser kleinen Reise entsteht die Erfahrung, dass du wirklich äußerst komplex bist. Alle dein Anteile sind miteinander verwoben. Da agiert nicht nur ein Aspekt von dir, wenn du beispielsweise im Beruf eine Entscheidung triffst. Dein Körper reagiert mit Anspannung oder Leichtigkeit. Dein Emotionalkörper und dein Mentalkörper sind miteinbezogen, sie bringen alte Erfahrungen ein. Sie agieren sozusagen bei allem, was du tust, mit. Jetzt verstehst du sicher auch, dass es unerlässlich ist, all die alten gespeicherten Themen zu klären und zu löschen, damit sie dich nicht mehr begrenzen und du frei agieren kannst. Wir haben die Möglichkeiten der Lösungsarbeit im letzten Buch ausführlich beschrieben. Ich möchte jedoch noch einmal auf die innere Bühne hinweisen, die dabei gute Dienste leistet.

Die Übung noch einmal in Kurzform: Du schließt deine Augen und baust dir vor deinem inneren Auge eine kleine Bühne auf, wie in einem Theater. Du sitzt in der ersten Reihe und kannst von dort aus mit deinen Inneren Anteilen oder den Ängsten, den Höheren Selbst von Partnern oder Menschen, mit denen du eine problematische Beziehung hast, sprechen. Du kannst auf deiner inneren Bühne alle Dinge deines Lebens beleuchten und bearbeiten. Wenn es zum Beispiel um die Angst vorm Fliegen geht, bitte diese Angst auf die Bühne und sprich mit ihr. Sie wird dir sagen, was sie bewegt und was sie vielleicht möchte. Unterhalte dich mit ihr. So kannst du verstehen, woher die Angst kommt, und sie entlassen. Möglicherweise ist dann dein nächster Flug leichter, und beim übernächsten hast du vielleicht sogar schon Spaß. Wenn du Sorgen mit einer anderen Person hast, bitte sie oder ihr Höheres Selbst oder beide auf die Bühne und besprich das Problem. Ich weiß, du wirst dadurch eine andere Sicht auf die zwischenmenschlichen Beziehungen und auf das spezielle Problem bekommen, denn alles ist auch ein Spiegel für dich selbst und enthält in sich eine Idee für nächsten Schritte. Es gibt nichts, was du auf der Bühne nicht besprechen könntest. Auch Themen der Scham lassen sich dort gut bearbeiten. Was ist dir unangenehm? Bitte dieses Gefühl oder das Thema auf die Bühne und beleuchte es. Gehe ganz tief hinein und erkenne die Ursache für die Scham. Nicht immer löst sich alles beim ersten „Auftritt". Es kann durchaus sein, dass du gerade das Thema Scham zum Beispiel mehrmals auf die Bühne rufen musst. Schaue die Themen immer mal wieder an und beobachte die Fortschritte. Ist diese Art der Selbsterkenntnis nicht eine gute Möglichkeit, bewusster und leichter durchs Leben zu gehen?

Auch Krankheitssymptome und sogar Krebs können so beleuchtet werden. Warum ist der Krebs da? Was will er dir sagen? Es gibt Menschen, die es mit intensiven inneren Aktivitäten geschafft haben, die Überzahl der Krebszellen zu senken. Denn alle Menschen haben Krebszellen im Körper. Nur überwiegen dürfen sie nicht, dann ist das Krankheitsbild da. Durch Auflösen der Krankheitssymptome werden die Selbstheilungskräfte des Menschen aktiviert und das Zellenbild harmonisiert. Ob der Mensch dann zusätzlich zu anderen Therapien greift, seien sie schulmedizinisch oder ganzheitlich, muss jeder selbst entscheiden. Der Weg herauszufinden, warum ein Symptom erschienen ist, ist wahrlich unerlässlich, und ich möchte ihn als den göttlichen Weg bezeichnen. Sicherlich sind auch medizinische Maßnahmen aus göttlicher Inspiration entstanden, so wie alle Erfinder und Entdecker ihre Eingebungen von einer höheren Ebene empfangen.

Aber bei sich selbst die Ursache für Störungen zu suchen erscheint mir das Beste. Es ist der wichtige Schritt in die Eigenverantwortung. Der Mensch muss für alles, was mit ihm geschieht, die Verantwortung übernehmen. Denn nichts, was in das menschliche Leben tritt, ist von außen entstanden. Äußerlich kann etwas nur dann greifen, wenn von innen her das Einverständnis dazu gegeben wurde.

Ich packe in dieses Kapitel viele Informationen. Nimm du das für dich heraus, was du gerade benötigst. Der Rest kommt dann zu dir, wenn du ihn brauchst. Verstehe bitte: In dir ist alles vorhanden. Du wirst nicht umhin kommen, dich ausführlich mit dir zu beschäftigen. Bist du gern mit dir allein oder bereitet es dir eher Unbehagen, ohne andere Menschen zu sein? Es gibt in jedem Leben verschiedene Zyklen: Zeiten der Ruhe und Zurückgezogenheit und Zeiten der Aktivität. Wenn du mit deinem Körper bewusst verbunden bist, dann wirst du wissen, was bei dir wann dran ist. Der Mensch ist, wenn er mit anderen agiert, ständig deren Energien und Gedanken ausgesetzt. Wir haben dies schon oft beschrieben. Das gilt nicht, wenn du in tiefer Meditation und ganz mit deinem eigenen Licht verschmolzen bist. Dann kann nichts an dich heran. Das ist übrigens dein Ziel. Sei dir bewusst, dass du auch Zeit ohne Einflüsse von außen brauchst, sonst wird dein System überflutet. Es muss die äußeren Informationen und Strömungen, auch die der anderen Menschen, die es im hektischen Alltagsgeschehen aufnimmt, verarbeiten. Ein Urlaub ist wunderbar, doch wenn er mit vielen Aktivitäten gespickt ist, hat dein Körpersystem auch wieder viel zu tun. Eine bunte Mischung aus allem ist sicher besser. Erkenne, was du wirklich willst. Was macht dir in deiner Freizeit Freude? Richtest du dich oft nach anderen, weil du dich nicht durchsetzen kannst oder nicht allein sein magst? Sprich doch einmal mit deinem Körper und frag ihn, was er möchte, was er braucht.

Die Angst vorm Alleinsein prägt viele Menschen. Sie trauen sich nicht, allein zu sein. Was mache ich denn bloß mit der ganzen Zeit? Mir ist langweilig. Ein guter Partner für innere Reisen und die Selbsterkundung ist die Natur. Mit einem bisschen Vogelgezwitscher, dem Duft einer Blume und der Kraft eines Baumes hast du eine gute Unterstützung. Sie vermitteln dir Weite, schenken dir ihre Zärtlichkeit und lassen dich spüren, dass du geliebt bist. Sie wissen, wer du bist, sie kennen deine Sorgen und Ängste. Vertraue dich ihnen gern an. Bitte sie auch um Hilfe. Setze dich vielleicht in den Park unter einen Baum und sage: „Lieber Baum, ich habe da ein Problem. Kannst du mir helfen?" Öffne dich einfach für den Baum und spüre, wie ein schönes Gefühl in dein Herz strömt. Die Verbindung ist aufgenommen. Genieße, und nach einer Weile hast du vielleicht auch eine Idee in dir, wie dein Problem gelöst werden könnte. Noch einmal der Hinweis, dass alle Probleme auch ein Spiegel sind. Die Dinge, die dich an anderen stören, sind vielleicht auch Anteile von dir, die dir nicht gefallen!

Hast du immer noch Angst vor dem Alleinsein? Hab ich dir

heute schon gesagt, dass du nie allein bist? Du bist ein komplexes System, das letztlich Einheit ist. Aber du bist zurzeit nicht immer in harmonischer Verbindung mit den anderen Anteilen.

Warum dieses Kapitel *Ein Kurs in Eigenliebe* heißt? Das, was ich vorher beleuchtete, ist eine gute Möglichkeit, dich selbst besser kennenzulernen und zu verstehen, dass du vielfältig und ein genial gestalteter göttlicher Entwurf bist. Ist das allein nicht schon Grund genug, dich einmal selbst ganz liebevoll in den Arm zu nehmen?

Wenn du dich so näher mit dir selbst beschäftigst, erkennst du dich. Du verstehst deine Handlungsweisen und deine Ängste besser. Du hat die Chance, das alte Computerprogramm zu löschen und neue Daten einzugeben, die da lauten: „Ich bin Liebe." Das ist ausreichend. Das kommt bei den Zellen an. Du bist der Boss deines Systems. Du bestimmst, wie es mit *euch* weitergeht.

Du bist der Gott in dir. Du formst täglich deine Beschaffenheit neu. Nimm dich so an, wie du jetzt bist, und forme dich in Liebe und mit der Liebe deines göttlichen Kerns, so wie du sein möchtest. In der Verbindung mit dem Höheren Wesen, das du wirklich bist, kann ein wahrhaft göttliches Dasein entstehen. Stell dir dies bildlich vor: Gemeinsam formt ihr deinen Körper, dein irdisches Gefährt, das dann göttlich gelenkt das Paradies auf Erden lebt. Hört sich das zu hochgestochen für dich an? Dann hast du immer noch nicht verstanden, in welcher besonderen Ära du inkarniert bist.

Ich möchte nun gern noch über einen besonderen Aspekt der Gnade berichten. Aber erst einmal: Was ist Gnade und wie erlangt/erfährt man sie? Gnade ist etwas, das man nicht einfordern kann, Gnade kommt einfach. Gnade ist ein Geschenk aus der göttlichen Einheit, das dir widerfährt, wenn du wieder einen Schritt weitergekommen bist. Auch ist sie nicht plötzlich da, wenn du sie erwartest. Du kannst sie nicht steuern, sie kommt unverhofft. Sie ist der Aspekt Gottes, der dir geschenkt wird. Vielleicht auch, ohne dass du einen Grund erkennen kannst. Ein wichtiger Teil der Gnade ist das Verzeihen. Wie soll ich das erklären? Ich versuche, dir ein Beispiel zu geben: Wenn du jemandem etwas nachträgst, weil er dich verletzt hat, und dann plötzlich das Gefühl in dir entsteht, dass du verzeihen kannst, dann ist das Gnade. Ein Teil in dir hat losgelassen, und dein Goldener Engel hat dann die alten Bande durchschnitten, sodass die Liebe wieder in diese Beziehung fließen kann. Das ist ein Akt der Gnade. Wenn du nun all deine Beziehungen, die dich immer noch bewegen, beleuchtest, dann hast du jetzt die Chance, sie zu glätten. Das kann die Beziehung zu deinem Chef sein, der dich in deinen Augen nicht fair behandelt hat, oder die zu deinem Partner, der vermeintlich deine Liebe nicht achtet, weil er dich betrügt. Du kannst durch die Goldene Welle nun quasi eine Generalamnestie einläuten. Allen, die dir wehgetan haben, kannst du die Möglichkeit geben, deine Liebe zu erfahren. Sicher wird in diesem Prozess des Lösens die Gnade zu dir kommen und die Bande durchschneiden, sodass die göttliche Liebe wieder fließen kann. Das, was dabei geschieht, nennst du Verzeihen. Du kannst diesem Menschen wieder in die Augen schauen, und das Gewesene ist geglättet. Oft gehen solche Begegnungen auch auf Verbindungen aus alten Leben zurück. Die Gnade des Verzeihens löst dann auch die alten Verstrickungen. Das ist das Phänomen der Neuen Energie, sie glättet alte Erfahrungen, mögen sie auch für beide Seiten noch so schmerzlich sein. Selbst von Inkarnation zu Inkarnation wiederkehrende Streitereien können auf diese Weise gelöst werden. Ist es nicht wirklich eine Ära voller Wunder? Sie geschehen nur durch dich. Du bist der Schöpfer der Wunder, die in dein Leben treten. Heiße die Gnade in Geduld willkommen.

Jetzt möchte ich dich bitten, mir in eine nicht ganz leichte Übung zu folgen. *Schließe wieder deine Augen und dann stell dir vor, du stehst vor einen Spiegel. Was siehst du da? Dich? Wer bist du? Schau dich mit deinem inneren Auge genau an. Wenn du an irdischen Jahren schon ein bisschen älter bist, begucke deine Falten, streichle sie und sage dir: „Ja, da seid ihr, entstanden aus allen Erfahrungen, die mein Leben begleiteten, geformt aus Lachen und Weinen, bei Geburten, Feiern, Begräbnissen, Beförderungen, Entlassungen. Entstanden aus Geliebt- und Verlassenwerden. Ich heiße euch willkommen und danke euch für die Begleitung." Streichle sie und nimm Kontakt mit der Haut auf. Sprich mit ihr und frage sie, wie es ihr geht. Bedenke, sobald du bewusst erkennst, dass Gedanken, Emotionen und*

Erfahrungen den Körper formen, hast du die Möglichkeit, mit neuen Gedanken und Zärtlichkeit liebevoll dein Gesicht zu gestalten. Das gilt für jedes Alter. Streichle jeden Tag morgens oder abends über dein Gesicht oder andere Teile deines Körpers. Nimm sie als ein Teil von dir wahr, der ausdrückt, wer du warst, bist und nun sein möchtest.

Bedenke, du beeinflusst dein Äußeres durch dein Denken und durch das, was du ausdrücken möchtest. Es mag vielleicht verrückt klingen, aber besser als jede teuere Creme ist ein liebevoller Kontakt mit dem Gesicht selbst, seiner Haut und den Zellen, die das Aussehen prägen. Du hast eine tiefe Falte auf der Stirn vom vielen Denken und Analysieren? Wenn du dich entspannst, loslässt und deinem Höheren Selbst die Führung anvertraust und endlich Leichtigkeit in dein Leben lässt, wird die Falte sich glätten. Dein Körper, die Haut, deine Zellen wissen, was dann zu tun ist. Stell dir vor, dass dein Körper ein wundervolles Konstrukt mit hervorragenden Teamarbeitern ist. Wenn du dein Verhalten und Denken änderst, wird ein völlig neues Programm im Körper entworfen, und dein Äußeres verändert sich. So einfach ist es, das darfst du gern glauben. Die meisten körperlichen Unausgeglichenheiten, auch die äußerlichen, stammen vom Denkverhalten und von den Verspannungen des Menschen. Die wiederum bewirken, dass die göttliche Energie nicht ausreichend durch das Körpersystem fließen kann. Du siehst, es ist ein Kreislauf, den du durch reine Absicht beeinflussen kannst. Konzentriere dich bei diesen schöpferischen Tätigkeiten, halte alles mit deinem Bewusstsein, lass dich nicht durch andere Gedanken ablenken. Das trägt außerordentlich zur Erweiterung deines Bewusstsein bei.

Eine Übung für dich

Weite die eben erwähnte Übung auf deinen ganzen Körper aus. Streichle alle Körperteile. Fühle jetzt mit deinen Händen, was du vorhin mit deinem Geist getan hast. Spüre dich. Wo ist Anspannung, wo sitzen vielleicht auch Schmerzen? Verweile an diesen Stellen und frag sie doch einfach einmal, was ihnen fehlt. Manchmal kommst du dabei so sogar an ganz alte Muster, an denen du unbewusst immer noch festhältst. Verspannungen im Nackenbereich könnten die vielen Lasten symbolisieren, die du trägst. Es ist durchaus möglich, dass du beim näheren Hinsehen plötzlich in ein anderes Leben rutschst. Vielleicht siehst du dich in einem Bergwerk schuften oder schwere Sachen tragen, die deinem Körper zu schaffen machen. Es könnte sogar sein, dass du wahrnimmst, wie du aufgrund dieser schweren Arbeit gestorben bist. Entlasse diese Information aus deinem Körper. Du kannst dazu gern auch die Violette Flamme der Transformation nutzen. Visualisiere sie an den betroffenen Stellen und reinige dich damit. Mit viel Bedacht und deiner bewussten Aufmerksamkeit erforsche so deinen Körper und forme ihn neu.

Für manche mag das etwas utopisch klingen. Aber was für die gesamte Schöpfung gilt, gilt auch für deinen Körper: Alles beginnt im Geiste und manifestiert sich dann.

Barbaras persönliche Erfahrungen

Kryon hat mir diese Art des Klärens und Neuerschaffens bereits vor Jahren ans Herz gelegt. Ich arbeite viel mit meinem Körper, mit bestimmten Bereichen. Durch meine Geburtskonstellation bin ich sehr sensibel im Magen-Darm-Bereich. Ich verarbeite äußere Einflüsse körperlich nur schwer. Wenn es wieder einmal so weit ist, schaue ich gezielt in diese Organe und erfrage, was dort festsitzt. Dann arbeite ich mit dem Violetten Strahl der Transformation alle Bereiche klärend durch. Dabei kann es geschehen, dass mir plötzlich Erkenntnisse für anstehende Entscheidungen kommen. Ich weiß dann auf einmal, wie das, was mich belastet, zu lösen ist. Danach lenke ich noch bewusst die grüne Heilenergie in die betroffenen Partien. Oft bitte ich Hilarion, den Aufgestiegenen Meister und Lenker des Grünen Strahls, um Unterstützung. Allerdings muss ich gestehen, dass ich all diese so wirkungsvollen Werkzeuge der Neuen Energie hin und wieder auch vergesse. Vielleicht möchte ich dann einfach nur ein bisschen leidend im Bett liegen und gar nichts tun. Oder ich möchte ein bisschen verwöhnt werden. Das tut doch auch manchmal recht gut, oder?

8

Dein Goldener Engel, dein göttliches Bewusstsein

All das, was bisher angesprochen wurde und bei deinem Eintauchen in die Energie dieses Buches geschah, diente der Vorbereitung der Verbindung mit deinem Goldenen Engel. Er ist derjenige Teil von dir, der eng mit der Quelle allen Seins verbunden ist und nicht in der Dualität weilt, sondern ganz mit dem Feld der Einheit verbunden lebt. Wie schon beschrieben, wurde der Spielplan der Erde unter anderem durch die Veränderung des Magnetfeldes modifiziert. Das Feld der Dualität ist nun für Erwachte und Wissende durchdringbar. Um dir dies plastisch zu demonstrieren, bitte ich dich nun zu einer kleinen Übung:

Stell dir vor deinem inneren Auge die Erde vor. Sicherlich ist sie eine blaue Kugel mit Kontinenten und Wassermassen. Vielleicht wirfst du noch einen Blick auf die Pole, die sich übrigens verschieben. Diese Verschiebung ist nicht räumlich zu verstehen, sondern von der Kraft her. Durch die Neuausrichtung das Mag-

netgitters erfahren auch die Pole eine Veränderung. Eure Wissenschaftler erkennen sie als Schwächung. Korrekt betrachtet ist sie aber eine Ausrichtung auf eine neue Qualität. Doch nun schau dir die Erdkugel nochmals genau an und visualisiere das Erdmagnetgitter um sie herum. Wenn du dies hast, zoomst du die Erde nah heran und betrachtest das Gitter intensiv. Es sind noch andere Gitter da. Aber die sollen uns jetzt nicht interessieren. Wir beschäftigen uns im Augenblick lediglich mit dem Magnetgitter. Ich helfe dir nun dabei, die Veränderung seiner Stabilität zu beobachten. Schau einmal, wie sich das Feld verändert.

Die Struktur deines Goldenen Engels ist mit diesem Magnetgitter verbunden. Das war früher auch schon so, doch war das Spielfeld dergestalt, dass du nicht in die Verbindung mit dem Höheren Selbst gehen konntest. Zumindest nicht harmonisch und für längere Zeitspannen und so, dass du die göttliche Führung annehmen konntest. Dein Goldener Engel war nur in ganz begrenztem Maße in der Lage, dich zu kontaktieren, dir Entscheidungshilfen zu geben oder dich zu inspirieren, bestimmte Dinge zu tun, die dir behilflich sein konnten. Dein Goldener Engel und du, ihr wart nicht in Resonanz, höchstens hin und wieder einmal, je nach deiner Konstitution. Deshalb bauten weise Menschen an bestimmten Plätzen, wo sich die Gitter kreuzten, Kirchen und Tempel. Dort war die Energie besonders hoch. Man nannte und nennt sie auch heute noch heilige Orte oder Kraftplätze. So war der Priester dem göttlichen Geist besonders nah, sei es nun im Gestalt des Goldenen Engels oder anderer hoher Wesenheiten der Quelle.

Jetzt konzipiere ich für dich etwas schwer zu Beschreibendes: Schau bei deiner Übung jetzt bitte auf einen Punkt, der sich im Gitter herauskristallisiert, und gehe näher heran. Schau genau hin: Dieser Punkt ist dein Goldener Engel und er möchte dir jetzt seinen Standort präsentieren. Nun sieh zu, wie von ihm zu dir ein goldenes Band wächst. Dieses Band ist seine Verbindung zur dir. Sie kann jetzt endlich wieder aktiviert werden. Ich habe dein Energiefeld so stabilisiert und ausgerichtet, dass es in Harmonie mit deinem Höheren Anteil ist. Jetzt spüre bitte in dein Herz und fühle es. Wie fühlt sich dein Herz jetzt an? Wird es weiter und klar? Vielleicht durchströmt dich ein warmes, weiches Gefühl der Liebe. Ja, es ist die allumfassende Liebe, die nun in ihrer reinsten Form Zugang zu dir findet. Damit will ich nicht vermitteln, dass du nie in Liebe bist. Aber diese Liebe, die dich jetzt durchströmt, ist ganz rein, sie wirkt ohne Worte, sie ist einfach, sie wertet nicht, sie ist immer für dich da. Egal, ob du in deinen Augen vielleicht gerade einen Fehler gemacht hast. Sie ist weise, voller Gnade und hilft dir, diesen sogenannten Fehler zu glätten. Sie möchte dir auch vermitteln, dass es im Grunde keine Fehler gibt. Deine „Fehler" waren vielmehr Handlungen, die nicht mit dem göttlichen Bewusstsein geschahen, wie es eben in der Dualität so ist. Jetzt entspanne dich und genieße diese Verbindung, lasse dich fallen und lege das Buch beiseite.

Dein Goldener Engel war natürlich nie fort. Er war immer da, und nur euer Kontakt war unterbrochen. Es war ein langer und schwieriger Vorgang, diesen Kontakt zu unterbrechen, denn bevor du in das duale System kamst oder vielleicht auf anderen Planeten dieser Art lerntest, warst du ja mit Gott eng verbunden. Am engsten auf den höheren Ebenen, die näher an der Quelle sind. Da war deine Verbindung 1:1. Du warst Schöpfer und Schöpfung. Nichts konnte dich entzweien. Als du in dieses System kamst, musstest du einen schwierigen und äußerst langwierigen Prozess durchlaufen, bis die Trennung geschehen war. Deine Rückreise beinhaltet nun eine Wiedervernetzung mit deinem göttlichen Kern.

Ein wenig problematisch und etwas störend wirkt bei diesem Prozess die Verbindung zu deinem Persönlichkeitsselbst, auch Ego genannt. Dieses Ego stellt sich ihm gern entgegen und vermittelt dir, dass das alles Unsinn sei. „Du bist du", flüstert es dir vielleicht immer wieder mal zu. „Vertraue auf mich, ich bin dein Führer." Das mag für andere Zeiten auf der Erde sicherlich stimmig gewesen sein. Denn wenn es darum ging, für Unterkunft und Nahrung zu sorgen, hat dir dein Ego mit seinem Verstand oft gedient. Es war auch hilfreich, wenn du in nicht sehr lichtvollen Zeiten einen Unterschlupf brauchtest, um dich zu verstecken, weil du etwas getan hattest, was der Obrigkeit nicht gefiel. Auch heute wollen wir den Verstand und deine Persönlichkeit nicht völlig beiseitestellen. Doch als ein dualistisches Werkzeug dürfen sie nicht mehr die Oberhand haben. Wir sagen gern, dass eine Verschmelzung stattfinden können muss. Das niedere Sein soll sich mit dem höheren verbinden. Das kann nun geschehen. In besonders schwierigen Situationen ist die

Übung mit der inneren Bühne wieder sehr zu empfehlen. Bitte dein Persönlichkeitsselbst auf die Bühne und unterhalte dich mit ihm über die Situation, die dir Sorgen bereitet und in die es sich einmischt. Stelle gern die Frage: „Warum stellst du dich zwischen mein Höheres Selbst und mich? Was möchtest du erreichen?" Vielleicht vermittelt es dir, dass es Angst hat, nicht mehr gefragt zu sein. Sprich mit ihm darüber, dass du es nicht beiseiteschieben möchtest, sondern nur bittest, es möge mit dem Höheren Selbst zusammenarbeiten. Dieses kleine Rollenspiel erleichtert es, die Verbindung zu deinem Höheren Anteil zu stabilisieren. Du kannst auch das Persönlichkeitsselbst an die Hand nehmen, es zum Goldenen Engel führen und die beiden miteinander verbinden. Bitte sie darum, gemeinsam dein Leben zu lenken, so wie es zu deinem Besten ist.

Im vorhergehenden Buch ist immer wieder auf die Verbindung zum Höheren Selbst hingewiesen worden. Hier möchte ich trotzdem nochmals ausführlich darauf eingehen, weil du vielleicht das meiste zwar mit deinem Verstand aufgenommen, aber noch nicht wirklich integriert hast, denn sonst wärst du nicht in Resonanz mit diesem Buch. Das Höhere Selbst ist dein göttlicher Anteil, der mit dem göttlichen Teppich, mit der Einheit verwoben ist. Er befindet sich jenseits der Dualität. Das Höhere Selbst ist nicht nur mit dir verbunden, sondern es hat auch Kontakt zu den anderen Anteilen, die dich ausmachen. Du bist ein Fragment. Ich hoffe, das macht dir keine Sorgen. Dein Persönlichkeitsselbst mag sich vielleicht gerade ein bisschen zieren oder aufmucken. Es reagiert dualistisch und möchte gern einzigartig sein, was es ja auch ist. Nur gibt es eben mehrere einzigartige Anteile deines ganzen Seins. Erinnere dich wieder an den Vergleich mit dem Feuerwerkskörper. Du kamst hier in dieses duale System als ein hohes Lichtwesen, das Teil eines Größeren Wesens ist. Dieser Anteil hat beschlossen, in das duale System zu gehen, um dort Erfahrungen zu sammeln.

Hast du Lust, dir auch dies bildlich vorzustellen? Gut. Dann reise in Gedanken an einen Ort, der in der Nähe des Orion liegt. Dafür brauchst du nicht unbedingt sofort die Sternenkarte hervorzuholen. Visualisiere es einfach, ich helfe dir. Im Bereich Orion befindet sich eine der Eingangspforten zu diesem System. Sie ist wie eine Schneise, in die man geleitet wird. Du kannst sie dir so ähnlich vorstellen wie die Sicherheitskontrolle auf einem Flughafen, wo du durch einen Türbogen gehst und geprüft wirst, ob du passieren darfst. In diesem Fall geht es um eine Einweisung. Hier wirst du empfangen und auf alle Bedingungen aufmerksam gemacht, die du kennen musst, wenn du für einige Zeit in dieses Konzept der Dualität eintauchen willst. Hier auf den niederen Ebenen unterhalb der fünften Schwingungsebene wird mit dem Konstrukt Zeit gearbeitet. Es ist wahrlich eine andere Welt, in die du eintauchst. Wenn du visuell noch dabei bist, steht jetzt vielleicht ein weiser Wächter vor dir, der dir alles minutiös erklärt. Du wirst sicher in einen bestimmten Bereich geleitet, der deiner Vorbereitung dient. Vielleicht bist du auch mit anderen Abenteuerlustigen gekommen, die mit dir in die Welt der Dualität eintauchen wollen. Du hast sicher bemerkt, dass ich dies alles mit etwas Leichtigkeit und keineswegs kompliziert beschreibe. Mir ist sehr wichtig, dass du dich selbst und diesen Übergang gefühlsmäßig wahrnimmst. Es hat Sinn, sich spielerisch an all dies zu erinnern. Denn schau, du bist göttliches Licht, und dieses göttliche Licht ist niemals weg, mag es auch noch so stark verkleidet sein. Es bleibt immer Licht. Du hast lediglich dein Gewand, deine äußere Hülle verändert, um in diesem Sonnensystem, in dieser Außenstelle dieses Universums wichtige Erfahrungen zu machen ... Geehrt bist du für deinen Mut und deine Tatkraft, diesen Weg zu gehen.

Es ist wichtig, dass du verstehst, dass dein komplettes Sein nun in Fragmente aufgeteilt wird. Du bist nicht mehr nur ein Ganzes, sondern von nun an bist du viele. Deine Essenz ist dein Goldener Engel. Er bleibt in einer neutralen Zone und vereinigt sich wieder mit dir, sobald du den Erfahrungszyklus beendet hast. Bis dahin fühlt es sich so an, als wärest du von ihm getrennt. Du kannst kaum glauben, dass du selbst dein Goldener Engel bist.

Wenn du aufmerksam mitgegangen bist, siehst du jetzt vielleicht, wie du als Fragment in die Welt der Dualität steigst. In dem Kapitel *Deine Geburt* wollen wir eine Übung machen, die dich deine eigene Geburt noch einmal erfahren lässt. Wenn du jetzt noch weiter visualisieren möchtest, dann fühle, wie du in den Erdbereich hineingesogen wirst. Ich helfe dir gern, die Bilder schärfer zu bekommen. Willkommen im Dualen System, willkommen auf der Erde!

Während deiner Inkarnationen öffnest du deine Päckchen und setzt die Ideen und Aufgaben um, die dir vorgenommen hast. Die Erfahrungen, die du machen wolltest, können ein sehr langwieriger und schwerer Kreislauf sein. Es gab und gibt Wesen, die diesen Zyklus in wenigen oder sogar in einem einzigen Leben beendet haben. Einfach gesagt ist es das Ziel dieser Erfahrungsreise, in die Illusion der Dualität einzutauchen, sie zu durchschauen und sich wieder daraus zu lösen. Eure Mystiker, Philosophen und Gelehrten haben viele Jahre und viele Leben damit verbracht, dies zu erkennen und an andere weiterzugeben. Ich, Kryon, sehe meine Aufgabe nicht darin, dir dies mit vielen Worten zu vermitteln. Wir befinden uns jetzt in der Phase der Erde, in der es um das gezielte Erwachen geht. Wir wollen alle Menschen dabei unterstützen, die Illusion zu durchschauen und sie abzulegen. Nicht, weil wir Spielverderber sind, sondern weil die Quelle einen anderen Plan mit diesem Außenposten und dem gesamten Spielfeld Dualität hat. Er ändert sich, und ein neues Spiel hat begonnen. Meine Aufgabe ist es, die Menschen zum Erwachen zu bringen. Ich möchte die Fakten klar und einfach präsentieren, weil keine Zeit mehr ist, die vielen Zusammenhänge zwischen der Erde und dem dualen System zu studieren. Wenn du dies so annehmen kannst, ist der Weg zurück in die Einheit gar nicht kompliziert. Akzeptiere lediglich, dass der Weg nach Hause eingeläutet ist, dass deine Essenz am Magnetgitter der Erde wartet und dass der Teil von dir, der hier als Persönlichkeitsselbst agiert, dies erkennt und sich zu ihr aufrichtet. Gemeinsam bearbeitet ihr das eigene Feld, und mit Hilfe der vielen Geistigen Helfer werdet ihr wieder komplett. Dein Körpersystem wurde dezimiert. Einige Aktionsfelder wurden stillgelegt, damit du wirklich losgelöst von der Quelle hier sein kannst. Es sah nach Getrenntheit aus, so als hättest du allein und ohne göttlichen Beistand agiert. Dabei ist letztlich auch dieses Spielfeld in den göttlichen Teppich eingewebt. Es führt nur ein besonders Eigenleben.

Das Eigenleben der Planeten und der Wesen, die in diesem dualen System leben, hat den freien Willen als Werkzeug der Illusion. Wir haben andere Werkzeuge für dich, die dieses alte überflüssig machen. Der freie Wille ist wie ein Umweg, ein Austreten aus dem göttlichen Weg, um dann schließlich doch wieder in der Einheit zu landen. Es gibt übrigens kein Chaos im göttlichen Teppich, alles ist geordnet. Mag es auch zeitweilig so aussehen, als sei alles durcheinander, so fädelt es sich letztlich doch wieder in den göttlichen Plan ein. Du sagst vielleicht: „Aber ich denke, ich bestimme, was mir passiert, ich bin doch der Schöpfer meines Seins." Im Bereich der Dualität ist alles erlaubt, alles, auch das, was als böse und dunkel bezeichnet und erlebt wird. Das gehört zum eigenen Experimentieren, zum freien Willen und ist unendlich fortführbar, auch für Seelen, die auf dieser Erde nicht das Erwachen und den Aufstieg erleben können und wollen. Sie tun dies woanders. Das wird so sein, bis alle wieder in die Einheit zurückfinden. Wir sprechen oft davon, dass es Sinn hat, sich mit dem Höheren Selbst zu verbinden, um die eigenen nächsten Schritte zu tun. Das ist der göttliche Pfad. Er offenbart euch, wie der dualistische Weg am besten beendet wird und ihr euch mit euren übrigen Anteilen vereinigen könnt. Ihr besprecht mit euren Anteilen, wie lange ihr noch auf der Erde sein wollt, welcher Dienst vielleicht noch ansteht, welche Erfahrungen abgeschlossen werden sollten. Ihr entscheidet am besten auch gemeinsam, ob du die Erde bald durch das, was ihr Tod nennt, verlassen sollst oder ob du in deinem Körper noch verweilst, um ihn weiter zu durchlichten und dich irgendwann gemeinsam mit ihm von der Erde zu verabschieden.

Wenn du den Status der Verschmelzung immer mehr zulässt, dann hebst du dich aus dem dualistischen Spielfeld Erde und aus dem prägenden Massenbewusstsein heraus. Das ist dein freier Wille, der dir noch zur Verfügung steht. Du erkennst die Illusion und wählst die Einheit. Von der höheren Ebene agierst du dann nicht illusionär. Dramen tangieren dich nicht mehr. Die Liebe ist ganz und gar in dein Wesen geflossen, und du agierst nur noch in Liebe.

Die Menschen auf der Erde stehen mitten in einem starken Prozess des Loslassens. Nicht alle sind sich dessen bewusst. Wenn du dies liest, hast du die Möglichkeit, wahrlich ein Vorreiter für alle zu sein, damit sie diesen Weg der Befreiung auch gehen können. Du möchtest zurück in die

Einheit, das ist geehrt und geliebt und geht über die Verschmelzung mit deinem Höheren Selbst hinaus. Wer dies noch nicht schafft, ist auch geehrt und geliebt. Er oder sie wird es zu einer anderen Zeit schaffen. Seid sicher, alle schaffen es. Du schreitest als Pionier voran. Meine Unterstützung hast du. Diese Verschmelzung ist ein Prozess. Damit dein Höheres Selbst, dein Goldener Engel, besser zu dir durchkommt, arbeitest du mit uns an deiner Klärung. Dein Ziel ist es, energetisch klar zu werden und alle alten Prägungen zu löschen. Je mehr alte Prägungen noch wirken, desto schwieriger ist es, die Verbindung zur Einheit zu halten. Wir empfehlen, den Kontakt immer wieder zu suchen und ihn durch weitere Klärung deiner Prägungen stabiler werden zu lassen. Je enger du in Kontakt mit deinem Kern bist, desto klarer siehst du dein weiteres Leben und schiebst das Feld der Illusion beiseite.

Es ist jetzt das passende Zeitfenster dafür, dich mit einem deiner Seelenanteile zu verbinden. Die Mystiker nennen das, was wir hier einleiten möchten, die chymische Hochzeit. Die folgende Übung wird dich nur ansprechen, wenn du so weit bist, wenn die Hochzeit geschehen darf. Fühle jetzt in dich hinein, und du wirst wissen, ob für dich der richtige Zeitpunkt gekommen ist. Solltest du jetzt noch nicht in Resonanz damit sein, fühle gern nach einigen Wochen erneut in dich hinein. Vielleicht ist dann für dich das richtige Zeitfenster gekommen. Vergiss nicht, dass wir dich begleiten. Einige geistige Chirurgen arbeiten seit Jahren an dir, um dich wieder zu komplettieren. Es geht darum, deine reduzierten Funktionen, die mit der Veränderung deiner DNS-Stränge vor langer Zeit zu tun haben, wieder in Gang zu bringen. Eine optimale Verbindung zum Golden Engel ermöglicht eine Verschmelzung mit den anderen Anteilen.

Wir möchten dich jetzt mit einem andersgeschlechtlichen Seelenanteil von dir verbinden. Du wurdest damals auch in Männlich und Weiblich aufgeteilt. Vorher warst du ein androgynes Wesen und hattest beides in dir vereint. Korrekterweise muss erwähnt werden, dass du trotz der Teilung Männliches und Weibliches in dir hast, aber diese Anteile sind in ihrer Aktivität meist nicht ausgeglichen. Durch die Verschmelzung mit deinem andersgeschlechtlichen Seelenanteil kommt du in dein Gleichgewicht. Du musst diesen Teil nicht mehr im Außen suchen, wie dies viele Menschen tun, wenn sie einen passenden Lebenspartner ersehnen. (Über göttliche Partnerschaften möchten wir gern im dritten Buch sprechen.) Für alle Menschen, die sich wieder mit ihren andersgeschlechtlichen Anteilen verbinden, ist dies ein untrügliches Zeichen, dass sie den Erdenzyklus beenden können. Ob sie dann noch einmal wiederkommen oder weiter hier verweilen, um der Erde zu dienen, ist ihre eigene Entscheidung. Oder sollte ich besser sagen: die der Gruppe, die du ja bist, genau wie ich?

Eine Übung für dich

Für diese Übung nimm dir bitte ausreichend Zeit. Sie vollzieht sich nicht in dem Moment, in dem du beginnst. Die Vermählung mit einem anderen Teil von dir geschieht allmählich und gleitend. Es kann sein, dass du schon darauf vorbereitet bist und sogar Träume davon hast. Diese Erfahrung ist meist mit längeren Phasen intensiver Gefühle verbunden. Suche dir einen stillen Platz zum Liegen, das könnte auch abends im Bett sein. Vielleicht tut es sogar gut, hinterher aus dieser Erfahrung in den Schlaf bzw. in eine andere Ebene zu gleiten. Denn der Schlaf ist zwar einerseits die Möglichkeit für den Körper, sich zu regenerieren, mit dem Rest deines Seins aber bist du meist auf anderen Ebenen unterwegs.

Lege dich hin, schließe deine Augen und konzentriere dich auf mich und auf dein drittes Auge. Sei entspannt und lasse vor deinem inneren Auge das weiße göttliche Licht entstehen. Es ist wie ein kleiner, weißer Funke, der sich langsam ausweitet. Bleibe in diesem Licht, verweile und habe ein bisschen Geduld. Dann wirst du feststellen, dass sich eine andere Energie zu dir gesellt. Vielleicht geschieht das ganz sanft und zart oder intensiv. Es kann sich auch so anfühlen, als lege sich jemand auf dich. Vielleicht spürst du es sogar intensiv im Herzen. Es kann eine Öffnung fühlbar sein und eine Ergänzung, so als werde etwas zusammengeführt. Eine genaue Beschreibung ist nicht möglich, weil dies ein individueller Prozess ist. Wenn du hier als Frau lebst, kann es sein, dass du starke männliche Energien spürst. Bist du ein Mann, wäre es dann umgekehrt. Oft tauchen leichte oder auch stärkere sexuelle Gefühle auf. Genieße sie. Letztlich ist es nicht nur eine körperliche, sondern auch eine interdimensionale Verschmelzung. Sie betrifft wirklich dein ganzes Körpersystem, mit dem du hier auf der Erde agierst, und so wirst du sie auch spüren. Diese Erfahrung kann so stark sein, dass du sogar etwas Angst bekommst. Dann konzentriere dich ganz auf mich und sei sicher, es kann dir nichts Schlimmes geschehen. Es ist doch ein wunderbares Ereignis!

Verweile solange du magst in dieser Verbindung. Wenn du sehr offen bist und vielleicht schon gut geschult in geistigem Sehen und Hören, kannst du Kontakt zu diesem Anteil aufnehmen. Es kann geschehen, dass du eine Gestalt vor deinem inneren Auge wahrnimmst, die dich liebevoll begrüßt und dich anspricht. Wenn du möchtest, kannst du mit diesem Anteil in Kontakt bleiben. Oder du nimmst das Geschehen als eine Tatsache hin, die dein Leben sehr verändert. Diesem Erlebnis sind keine Grenzen gesetzt. Vertraue, dass sich alles fügt. Benommenheit, leichte körperliche Schmerzen oder auch Unwohlsein, aber auch Wonnegefühle, die in Etappen auftauchen, sind normal und gehören dazu. Du bist nicht krank oder geschädigt, du bist dabei, dich zu vervollkommnen. Und wie damals, als du immer tiefer in die Materie gingst, ist der Heimweg ein Prozess, der kleine Tribute fordert.

Manche Menschen fühlen während und nach diesem Prozess tatsächlich eine Komplettierung ihres Seins. Das Ziel ist unter anderem, auch die Qualitäten des anderen Anteils zu integrieren. Andere wundern sich, dass sie plötzlich Lust haben, Dinge zu tun, die ihnen sonst eher fremd waren. Ist das nicht wundervoll? Es bedeutet, dass weitere Anteile von dir sich bereit machen, mit dir zu verschmelzen. Diese erste Hochzeit war die wichtigste, weil sie den andersgeschlechtlichen Anteil zu dir brachte. Wie und wann das geschieht, ist individuell verschieden. Interessierte Menschen halten vielleicht mit allen ihren Anteilen Kontakt. Wenn der Mensch in sich nicht sehr stabil und geerdet ist, könnte das allerdings zu Verwirrungen führen. Ich darf dir aber versichern, dass du nicht mit Informationen oder Eindrücken überflutet wirst. Diese Verschmelzung wird von uns geistigen Helfern geführt. Wir nehmen Rücksicht auf deine Entwicklung und dein tägliches Leben. Alles wird so harmonisch geschehen, wie es für dich gut ist. Du denkst vielleicht an die Menschen, die Stimmen hören und in eine geschlossene Anstalt eingewiesen werden. Das sind meist keine Menschen, die in diesem Prozess sind. Sie sind, wie du auch, sehr sensibel und waren offen für den Kontakt zu herumirrenden Seelenanteilen, die sich in ihr Feld eingeklinkt haben. Hab keine Angst, es handelt sich bei dir um eine göttlich geführte Verschmelzung mit deinem eigenen Sein.

Barbaras persönliche Erfahrungen

Meine Verschmelzung mit dem männlichen Anteil habe ich sehr intensiv erlebt. Es geschah morgens nach dem Erwachen. Ich wurde gar nicht ganz wach, sondern schwebte in einem besonderen Zustand, als ich eine sehr starke männliche Energie in mir spürte. Ich war sehr erstaunt und fragte, wer da sei. Es kam keine Antwort. Dann rief ich Kryon, meinen Goldenen Engel, zu Hilfe. Er schenkte mir ein sanftes Lächeln und sagte: „Etwas Wundervolles passiert, sei offen dafür." Ich wurde dann angehoben, die Zeit schien stillzustehen und diese männliche Energie vereinte sich liebevoll mit mir. Das Gefühl ist unbeschreiblich schön. Es mit sexuellen Gefühlen zu vergleichen ist nicht treffend. Ich fragte dann nochmals, wer er sei. Ich glaube, das fragte ich instinktiv ein paarmal. Er sagte: „Fürchte dich nicht, ich bin doch du." Ich bin lange in dieser Verbindung geblieben und habe den Tag wie auf einer Wolke verbracht. Ich hatte allerdings einige Tage lang einen sehr starken Druck auf der Brust, es fühlte sich fast so an, als liege ein Stein auf mir. Etwas ängstlich fragte ich Kryon, ob auch alles gut gegangen sei. Er lachte nur und sagte: „Keine Sorge, alles ist im Fluss."

9

Der Kontakt zu deinem Goldenen Engel

Die Verbindung zu deinem Höheren Selbst, deinem Goldenen Engel, kannst du auf verschiedene Weise herstellen. Eine haben wir dir im letzten Kapitel aufgezeigt. Für das tägliche Leben gibt es verschiedene weitere Varianten. Zu Anfang und auch dann, wenn du den Kontakt intensivieren willst, empfehle ich dir, in eine Meditation beziehungsweise eine Visualisation zu gehen und dein Höheres Selbst auf einer Wiese oder einem Platz deiner Wahl zu treffen. Dort kannst du durch Sehen, Fühlen und Kommunizieren ausgiebig Kontakt aufnehmen. Diese Kontaktaufnahmen sind ein fließender Prozess. Anfangs ist die Begegnung noch eher zaghaft, später wirst du den Kontakt intensiv an deinem ganzen Körper und besonders im Herzen spüren. Wenn du schon tiefer in diesem Prozess bist, empfehle ich, den Kontakt überall zu probieren, zu jeder Gelegenheit und an jedem Ort. Verstehe bitte, dass dein Goldener Engel sich nichts sehnlicher wünscht, als mit dir in Kontakt zu sein. Es ist sein höchstes Ziel. Er ist immer da, nur du bestimmst, inwieweit du ihn für dich bewusst in dein tägliches Leben verwebst. Ich darf dir versichern, dass sich dein Leben grundlegend verändert, wenn du diesen Kontakt pflegst.

Ich möchte dir jetzt eine weitere Übung für die Kontaktaufnahme zu deinem Höheren Selbst anbieten:

Schließe deine Augen und visualisiere dein Herz. Nicht so, wie es anatomisch korrekt aussieht, sondern einfach in „Herzform". In der Mitte des Herzens ist eine Tür, die öffne ich jetzt für dich. Dein Goldener Engel kommt aus dieser Tür heraus. Ich brauche dies nicht näher zu kommentieren. Das Höhere Selbst stellt sich dir so dar, wie du es brauchst. Genieße jetzt die Verbindung. Schaue dir dein Höheres Selbst an, und wenn du schon Botschaften empfangen kannst, dann lausche seinen Gedankenströmen, die zu dir fließen.

Weitere Übungen

Der Kontaktaufnahme zu deinem Goldenen Engel sind keine Grenzen gesetzt. Du kannst ihn auch ganz ohne Visualisierungsvorgaben in der Meditation besuchen. Lass dann einfach alles sich selbst entwickeln. Statt der Wiese kannst du selbstverständlich auch andere, dir lieb gewordene Plätze vor deinem inneren Auge erschaffen und dein Höheres Selbst bitten, dich dort zu besuchen. Vielleicht magst du einen Strand visualisieren, einen Garten, dein schönstes Zimmer, eine große Wolke. Alles ist möglich. Die Form allerdings, in der dein Goldener Engel sich dir zeigen möchte, bestimmt er. Er weiß, ob du ihn gerade als alten Weisen oder als große Schwester brauchst oder als ein androgynes Wesen, was er ja letztlich auch ist. Die Verbindung zu deinem Goldenen Engel ist das Wichtigste in der Erdenzeit. Die Verschmelzung mit ihm, also mit deinem Höheren Selbst, ist ein Prozess. Je offener du dafür bist, desto umfassender geschieht sie. Einiges kannst du durch bewusste Agieren unterstützten, vieles geschieht auf eine dir unmerkliche energetische Weise.

Barbaras persönliche Erfahrungen

Meine erste bewusste Kontaktaufnahme war sehr prägnant und eher ungeplant. Ich hatte bis dahin nur in tieferen Meditationen einen eher schemenhaften Kontakt. Diese Situation der bewussten, klaren Verbindung geschah, als ich in einer Buchhandlung ein Buch erstand, das auf eine etwas seltsame Art beschrieb, wie man Kontakt zur geistigen Welt aufnehmen kann. Ich fand das sehr interessant, weil es mir sehr ungewöhnlich erschien. Ich war allerdings recht zögerlich bei dem Kauf, weil mir das Buch doch nicht ganz seriös vorkam. Kaum zu Hause, packte ich das Buch aus und spürte sofort einen starken Drang, Papier und Stift in die Hand zu nehmen. Ich merkte, es wollte jemand zu mir sprechen und ich sollte mir aufschreiben, was er oder sie sagte. Es war ein Diktat von Kryon meinem Höheren Selbst, den ich damals noch nicht unter diesem Namen kannte. Was ich bekam, war ein kleines Donnerwetter. Die Richtung der Botschaft war in etwa: Ob ich so ein dummes Zeug tatsächlich lesen wolle? Dieser Autor lade mit solchen Anweisungen schwere Schuld auf sich, das sei geistige Irreführung. Ganz klar und drastisch kamen diese Worte. Ich war sehr erschrocken und warf das Buch gleich in den Mülleimer.

10

Engel und andere geistige Helfer

Habe ich heute schon erwähnt, dass du nie allein bist? Nein? Oh, das glaube ich nicht. Ich versuche doch schon die ganze Zeit, dir zu vermitteln, dass du multidimensional bist. Du nimmst es wahr, während du in dieses Buch eingetaucht bist und auch bei all deinen weiteren Versuchen, die Energie von zu Hause zu spüren. Du bist kein einzelnes Wesen, das auszog, die Welt außerhalb des göttlichen Schoßes zu erkunden. Ihr seid viele. Nie bist du allein, immer bist du in das göttliche Feld eingewebt. Erinnerst du dich an unseren Einstieg in dieses Buch? Da sprach ich vom Urknall und gebrauchte dabei das Gleichnis vom Hefeteig, der aufgeht, größer und weiter wird, aber immer der Hefeteig bleibt. Vielleicht mutet dieser Vergleich etwas komisch an, aber er ist passend. Wenn du also in diesem göttlichen Teig bist, sind all die anderen göttlichen Funken auch dort, nicht wahr? Und wie ist es denn jetzt in diesem Dualen System? Das Höhere Selbst ist an einem neutralen Ort, nicht in das

Spielfeld, den göttlichen Teig, eingetaucht. Und wo sind all die anderen Funken geblieben, die auch hier lernen wollen? Jeder Funke macht seine eigenen Erfahrungen und ist doch gleichzeitig Mitglied einer Gruppe. Denn in dieses System, in den göttlichen Teig, bist du nicht allein gekommen. Vor deinem Eintritt wurdest du mit anderen bekannt gemacht, die auch hier eintauchen wollten. Noch auf der anderen Seite des Schleiers, sozusagen in der Einsatzzentrale, also außerhalb des göttlichen Teigs, habt ihr euch miteinander verabredet und besprochen, wie ihr euch gegenseitig dienlich sein könnt. Dies geschah und geschieht immer wieder. Im Laufe eurer irdischen Leben wart ihr euch alles, was das Herz und der Plan begehren: Vater, Mutter, Freund, Bruder, Geliebte, Feind. Alles, was du erlebst, geht nur mit anderen, stimmt's? Überlege mal: Wer hat dir Gutes getan? Wer hat dich schlecht behandelt? Andere Menschen waren es, nicht wahr? Ob in diesem oder in anderen Leben. Und wahrscheinlich waren die Seelenanteile, die dir jetzt hier bekannt sind, bereits in anderen Leben deine Spielpartner. Lehne dich entspannt zurück und betrachte dein Leben aus dieser Perspektive. Wähle dir jemanden aus deinem Leben aus, der dir sehr lieb ist, und betrachte eure Verbindung. Vielleicht hast du dich immer schon gewundert, wie vertraut er oder sie dir ist. Diese Vertrautheit ist sicher nicht nur im Laufe eines Lebens entstanden. So unterstützt ihr euch gegenseitig, die Päckchen in den verschiedenen Leben auszupacken und zu bearbeiten. Diese gegenseitige Unterstützung muss aber nicht immer ausschließlich auf der physischen Ebene erfolgen. Manchmal werden deine Spielgefährten auf der anderen Seite der Erde geboren, weit von dir entfernt. Dann seid ihr anders in eurer Nähe, um einander behilflich zu sein. Ihr agiert dann auf der energetischen Seite.

Erinnere dich, dass du beim Eintritt in dieses Duale System in zahlreiche Fragmente oder Anteile gespalten wurdest. Auch sie arbeiten mit dir zusammen. Sie sind nicht immer alle zur selben Zeit physisch auf der Erde anwesend, und wenn, dann nicht unbedingt auf derselben Zeitschiene. Wahrscheinlich sind sie auch nicht immer in deiner Nähe. Manchmal, aber nie zufällig, begegnest du einem solchen Seelenanteil. Aber das ist nicht unbedingt immer ein freudiges Ereignis. Und wenn ihr ein Mann und eine Frau seid, müsst ihr nicht automatisch ein wundervolles Paar ergeben. Oft ist die Beziehung eher sehr schwierig. Doch dieses Thema heben wir uns für den dritten Band dieser Reihe auf. Auf jeden Fall sind die Anteile deiner Seelenfamilie immer mit dir in Verbindung. Wie das geschieht? Zum Beispiel, indem ihr euch, wenn du schläfst, auf der Traumebene trefft, einem bestimmten Bereich der astralen Ebene. Vielleicht reist du auch zu der Ebene, die ich schon in einem anderen Kapitel beschrieb: in den Bereich, wo sich die Seelenanteile bewusst sind, dass sie jenseits des Schleiers eine Inkarnationspause machen. Zu ihnen gesellen sich ab und an Seelenanteile, die im Schlaf bewusst oder unbewusst dorthin reisen. Ihr nennt das Astralreisen. Auch dieses Thema bearbeiten wir ausführlich in Band drei.

Du bist immer mit den anderen Seelenfragmenten verbunden und auch stets bewusst oder unbewusst mit deinem Höheren Selbst gekoppelt. Es ist die Kommandozentrale für deine Erderfahrungen und leitet sie von der neutralen Ebene aus. Irgendwann sind alle deine Seelenanteile durch alle Erfahrungsbereiche gegangen. Dann trefft ihr wieder zusammen und geht als Ganzes auf die nächsthöhere Ebene.

Ich habe jetzt eine kleine Übung für dich: *Es möchte jemand zu dir Kontakt aufnehmen. Bist du bereit? Gehe bitte ganz in dein Gefühl, indem du deinen Körper bewusst wahrnimmst. Dann konzentriere dich auf deine Schultern. Jetzt spüre bitte, wie ein Wesen zu dir Kontakt aufnimmt. Es ist einer deiner Seelenanteile, der nicht inkarniert ist und nun auf sich aufmerksam machen möchte. Er tut dies ganz zart und sacht. Spüre hin zu deinen Schultern und fühle den Kontakt. Für dich ist nun das Besondere daran, dass dieser Seelenanteil dir bestens bekannt ist. Er war schon in deinem jetzigen Leben. Du kennst ihn als Vater, Mutter, Oma, Opa, als einen guten Freund oder sogar als Partner. Diese Person hat dich in diesem Leben schon durch den Tod verlassen. Das mag jetzt für dich sehr berührend sein. Versuche herauszufinden, um wen es sich handelt. Dieser Seelenanteil ist in tiefer Liebe zu dir und freut sich, dir endlich vermitteln zu können, dass er immer da ist und dich begleitet. Welche Aufgabe er hat, kannst du selbst ergründen. Aber das tu später. Erst einmal bitte ich dich zu spüren, wer es sein könnte. Frage ruhig: „Wer bist du? Sag mir deinen Namen." Der Name kommt als Gefühl oder als Gedankenstrom zu dir. Vertraue dem, was du hörst oder fühlst. Ich bin bei dir und garantiere dir, dass stimmig ist, was du bekommst. Ich halte das Feld für dich. Wenn du jetzt ein bisschen allein sein möchtest, um dies zu verarbeiten, leg das Buch gern beiseite.*

Wichtig ist, dass du weißt, dass er oder sie das Kleid der irdischen Inkarnation wieder abgelegt hat und nicht mehr der oder die ist, der sie oder er einmal war. Darüber haben wir in einem früheren Kapitel schon ausführlicher gesprochen. Das Wesen ist nun relativ neutral und möchte dich auch so begleiten. Es ist ihm sehr wichtig, dass du dieses interdimensionale Konzept verstehst. Es ist jetzt an deiner Seite, um dich zu begleiten und von dir zu lernen. Es ist stolz auf den Pionier, der du bist.

Es sind außerdem Wesen an deiner Seite, die noch nicht auf der Erde physisch inkarniert sind oder dies nie sein werden. Sie sind dazu da, dir behilflich zu sein. Sie sind hier in diesem System, um dem Engel, der du bist, behilflich zu sein. Es ist eine ganze Heerschar von geistigen Wesen hier. Ihr nennt sie Engel. Sie sind ganz begeistert von der Aufgabe, aufsteigenden menschlichen Engeln zur Seite zu stehen. Sie haben unterschiedliche spezielle Aufgaben.

Einige dienen deiner Sicherheit, andere deinen Lernaufgaben, wieder andere deiner Gesundheit und vielem mehr. Das Besondere an dieser Neuen Zeit, dem Wassermannzeitalter, und der Neuen Energie ist, dass viele neue Wesenheiten für diese besondere Ära der Erde dazugekommen sind. Sie sind geschult, aufsteigende Planeten und Menschen zu begleiten und vorzubereiten. Sie unterstützen dein Körpersystem bei der Neuprogrammierung und haben große Erfahrung bei diesen Arbeiten. Deine Schutzgeister, die dich hier auf der Erde begleiteten, haben sich etwas zurückgezogen. Sie sind sozusagen für die Spezialisten beiseitegetreten. Einige sind geblieben und arbeiten Hand in Hand mit den Spezialisten. Die, die geblieben sind, betreuen dich weiterhin in den kleinen Dingen des Lebens. Sie sorgen zum Beispiel dafür, dass du deinen Schlüssel wiederfindest, wenn du ihn verlegt hast. Sie helfen dir, wenn dein Computer streikt, und inspirieren dich, wenn du nicht weißt, wie du am besten von A nach B kommst. Du kannst nun sicher verstehen, dass eine ganze Armada von Helfern an deiner Seite ist. Versuche einmal, sie zu kontaktieren. Bedanke dich, wenn du deinen Schlüssel wiedergefunden hast oder plötzlich ein Parkplatz vor deinen Augen frei wird.

Zu guter Letzt möchte ich dir diejenigen Wesen ans Herz legen, die schon immer für die Menschen da waren, die sich aufmachten, die geistige Welt zu erkunden. Ich spreche von den Erzengeln mit ihren Heerscharen, von den aufgestiegenen Meistern und von den großen Schöpferwesen, den Elohim. Da wir hier in diesem Band keine Hierarchieforschung betreiben wollen, möchte ich mich auf diese Formulierungen beschränken und nur ein wenig über sie berichten. Du wärst vielleicht ein bisschen irritiert, wollte ich dir näher erklären, dass der aufgestiegene Meister Jesus, den ihr den Christus nennt, auch ein führender Raumkommandant ist. Und dass Maria, die du als seine Mutter aus den alten Schriften kennst, an seiner Seite dient. Die Facetten und Nuancen der geistigen Hierarchien sind schon allein für den Erdbereich äußerst vielfältig. Die „einfachen Ränge" sind mit höheren Gruppen verwoben, die wiederum mit galaktischen Räten verbunden sind. Natürlich patrouillieren Wesen von anderen Welten und Sonnensystemen hier um die Erde herum und schauen dem Schauspiel des Aufstiegs der Erde zu. Sie geben ihre Hilfe, und zwar schon etwas länger. Dabei werden natürlich auch immer der menschliche freie Wille und der Spielplan Erde in seiner jetzigen Form berücksichtigt.

Das Besondere an der Neuen Energie für alle Menschen ist der direkte Kontakt, der mit diesen vielen höheren geistigen Wesen, die vielleicht sogar höhere Anteile von dir sind, entstehen kann. Vielleicht bist du ein Anteil von Maria, den sie schickte, um hier zu dienen. Du hast dann in dir ein kleines Fragment, vielleicht nennst du es Erbgut, das allerdings nicht in den unteren Strängen der DNS zu finden ist. Es sind göttliche, interdimensionale Gene, die sie dir gab, damit du in ihrem Namen hier dienen kannst. In einigen erwachten Männern sind beispielsweise Anteile von Saint Germain, der damit seine Energie hier punktuell verteilt, um besser mit der Erde arbeiten zu können. Jeder erwachte Mensch ist auch im Dienst für Erde und Menschen unterwegs, selbst nicht Erwachte dienen ständig. Es ist ihnen nicht bewusst oder sie meinen, einen anderen Dienst zu versehen, aber dennoch wirkt das geistige Dienen und verfehlt seine Wirkung nicht. Bei dieser Gelegenheit weise ich darauf hin, dass auch *du* viele Dienste versiehst, deren du dir nicht bewusst bist. Vielleicht bist du einer der vielen Heiler, die des Nachts herumirrende Seelenanteile in die lichtvolleren Ebenen führen. Vielleicht verankerst du nachts Energien in dunkleren astralen Ebenen zur Erlösung derjenigen, die sich von dort nicht lösen können. Oder du vernetzt Lichtfrequenzen, die mit dem Kristallinen Gitter zusammenhängen. Womöglich arbeitest du des Nachts im Inneren der Erde, um dort Energien zu verankern. Der Aufgaben gibt es viele. Sei gewiss, du bist vielfältiger im Dienst, als du glaubst.

Die höheren geistigen Helfer sind jederzeit für dich ansprechbar, traue dich und sage nicht: „Der wird sich ausgerechnet mit mir unterhalten wollen. Als hätte der nicht genug anderes zu tun." Vielleicht bist du für ein paar irdische Dinge eine wichtige Person, auch für Vernetzungen oder um anderen zu helfen. Hierfür ist euer Kontakt wichtig. Du wirst immer von den hohen Lichtwesen angesprochen und begleitet. Welche es sind, richtet sich nach den Themen, die du gerade bearbeitest. Angesprochen wirst du aber auch von denen, die dich schon länger begleiten. Das können zum Beispiel Wesen sein, mit denen du bereits in anderen Leben viel zu tun gehabt hast. Vergiss nicht, du bist eine alte Seele und warst schon oft hier. Dies gilt zumindest für die meisten von euch, die dies lesen. Es sind ja auch ein paar Pioniere dabei, die nur einmal hier inkarniert werdn, um gezielt zu dienen.

Verstehe bitte, dass der Kontakt zur Gruppe Kryon mit sich bringt, dass deine Felder ausgeglichen werden. Du wirst geklärt, der Weg zum Kontakt mit der geistigen Welt wird geebnet. Das ist eine der vielen Aufgaben, die ich habe. Traue dich nun, den Kontakt zu den Helfern in Anspruch zu nehmen, denn du weißt ja nun, du bist nie allein. Oder? Warum solltest du nicht die Unterstützung dieser hohen Wesen erhalten? Sie lieben dich, beobachten dich wahrscheinlich schon lange und warten auf eine Kontaktaufnahme. Bist du bereit für eine Begegnung?

Ich möchte dich dafür in eine kleine Übung führen: *Schließe deine Augen, komme ganz zur Ruhe und begib dich auf die imaginäre Wiese. In diesem Zusammenhang möchte ich noch erwähnen, dass es mir ganz genauso recht ist, wenn du statt auf der Wiese lieber an einem Strand oder auf einer einsamen Insel sein möchtest. Diese Wiese ist lediglich ein Angebot meinerseits. Begib dich also an einen Ort deiner Wahl. Schau dich dort um, nimm dich selbst wahr, prüfe, was du trägst, streiche an dir herunter und nimm deine Kleidung wahr. Vertraue deinem Blick, egal ob du durch klares inneres Schauen oder übers Fühlen „siehst". Eine Reise auf diesen astralen Ebenen ist genauso real wie das, was dein äußeres Auge wahrnimmt. Du glaubst nicht, dass du im einen Moment noch eine Hose anhaben kannst und schon im nächsten ein kurzes Kleid? Natürlich ist das möglich. Du erschaffst doch mit deinen Gedanken. Wenn du ein ständig wechselndes Bild hast, dann bist du allerdings nicht ruhig genug. Dann nimm dir mehr Zeit und probiere öfter, auf die Wiese, den Strand, die Insel, kurzum, an den inneren Ort deiner Wahl zu gehen. Jetzt schau dich um. Am Rande der Wiese siehst du einen Weg. Weit in der Ferne kannst du eine Gestalt entdecken, die dir entgegenkommt. Vielleicht winkt sie dir sogar schon zu. Wie bei allen diesen Übungen braucht es seine Zeit, bis du etwas erkennen kannst. Wenn du allerdings in anderen Leben dein inneres Auge schon geschult hast, fällt es dir leichter zu sehen. Dieses Wesen kommt auf dich zu und bleibt vor dir stehen. Nimm dir die Zeit für eine genaue Betrachtung. Wenn du lediglich ein weißes Lichtfeld siehst, strecke deine Arme aus und fühle, wie das Wesen gestaltet ist und was es trägt. Du kannst es auch gern bitten, sich klarer zu manifestieren. Es kann sich vor deinem inneren Auge so manifestieren, wie du es brauchst. Vor dir steht einer der Erzengel, das darf ich dir sagen. Wer es ist, das finde bitte selbst heraus. Frage ruhig: „Wer bist du? Sag mir deinen Namen." Dann hörst du den Namen in deinen Gedanken oder du weißt ihn übers Gefühl. Möglicherweise zeigt dir das Gewand auch, wer er ist. Ich lasse dich jetzt mit der Energie des Erzengels allein.*

Was ist eigentlich ein Erzengel? Viele Menschen können sich darunter nicht allzu viel vorstellen. Sind Erzengel Einzelwesen oder eine Gruppe? Von Gabriel ist in vielen Religionen die Rede, wenn etwas verkündet wird. Raphael wird der Heilenergie zugeordnet. Man sagt, er begleite Ärzte, Hebammen, Krankenschwestern und alle, die einen heilenden Beruf ausüben, begleiten. Das kann ich bestätigen. Aber auch du kannst Kontakt zu ihm aufnehmen und mit ihm gemeinsam dein eigener Heiler sein. Die Erzengel kann man als eine Ordensgemeinschaft beschreiben, die ein Zentrum hat. Aus diesem Zentrum, das einen Namen trägt, werden viele Fragmente ausgesandt, um die Erzengelenergie zu repräsentieren, zu verbreiten oder mit ihr zu arbeiten. Dieses Konzept ist wahrlich interdimensional. Es gibt, wenn du so willst, Millionen von Erzengeln Michael. Eine Essenz dieser Energieform ist vorhanden, und der Rest sind Partikel aus dieser Energie, die ausströmen, um zu dienen, wenn sie gerufen werden. Wenn du nun nach Erzengel Michael rufst, wird dies sofort in der Essenz vernommen und ein Teil von Michael kommt zu dir. Manchmal, zu besonderen Anlässen, könnte es sogar die Essenz sein, die zu dir kommt. Es mag dir verrückt erscheinen, wenn ich dir sage: Das Wesen, das du bist, ist ähnlich. Von dir gibt es auch viele. Du bist kein Einzelwesen, und wer sagt dir, dass du nicht auch die Kraft eines Erzengels in dir trägst? Du bist nur zurzeit ein Erzengel mit gestutzten Flügeln.

Eine ähnliche Erklärung gebe ich für die Aufgestiegenen Meister. Es gibt diese Wesen in der Form ihres Seins, wie sie auf der Erde lebten, noch immer. Doch jetzt sind sie nicht mehr mit dem zu vergleichen, was und wie sie auf der Erde waren. Sie sind wieder komplett, sie sind eins mit dem göttlichen Feld. Wenn sie von den Menschen gerufen werden, weiß es ihre Essenz, und ein Fragment ihres Selbst geht in den Dienst. Denk über diese Erklärung nach. Lass sie in dir arbeiten. Deine Fragen dazu werden aus den höheren Ebenen beantwortet. Entweder geschieht dies, indem du einen von ihnen selbst fragst, oder dir wird die Antwort durch deinen erweiterten Geist vermittelt, oder ganz simpel ausgedrückt: Du dockst dich an den göttlichen Computer an, und der lässt die Erklärung in dich hineinfließen. Einfacher geht's doch nicht, oder?

Die Elohim sind höhere Schöpferwesen, die bestimmte Aufgaben in der Hierarchie des Schöpferreigens einnehmen. Einige tragen besondere Fragmente der göttlichen Essenz. Du kennst dies vielleicht aus den zwölf göttlichen Strahlen, die jeweils von einem der Elohim getragen und gelenkt werden. Überrascht es dich, wenn ich dir vermittle, dass Anteile der Elohim auch Partikel, Fragmente ihres Selbst in Menschen senden? Allerdings sehr verdünnt, um im Bild der Essenz zu bleiben. So könnte es auch sein, dass du Teil eines hohen Schöpferwesen bist, das auszog, sein eigenes Werk zu erkunden.

Je weiter du dein Bewusstsein entwickelst, je weiter das Feld reicht, das du bist, desto mehr Energien umfasst oder beinhaltet es. Bei einigen Menschen reicht es einige hundert oder tausend Meter weit, bei Avataren umfasst es die ganze Erde. Bist du eng mit der Energie von Erzengel Michael verbunden, trägst du einen Teil dieser Energie. Sie wächst mehr und mehr, je weiter du dein Bewusstsein klärst. Ich hoffe, ich habe dies verständlich für dich ausgedrückt. Sonst frag mich doch einfach!

Weitere Übungen

Ich möchte dir nun einen besonderen geistigen Helfer vorstellen: Es ist Erzengel Metathron. Er ist eine besondere Erzengelenergie, die auch als Essenz in hohen Räten tätig ist. Methatron ist außerdem für einen bestimmten Bereich der dualistischen Konzeption zuständig, und er ist ein Fachwesen für göttliche Geometrie. Wenn du den Bereich der Dualität betrittst, sind seine Helfer deine Ansprechpartner. Bist du so weit, dieses zeitweilige Zuhause wieder zu verlassen, sind seine Helfer wieder für dich da. Manchmal begegnest du in Wachträumen, Träumen oder Meditationen direkt einem Fragment oder der Essenz von Metathron, der dich vielleicht bei einer Einweihung initiiert.

Schließe nun deine Augen und bitte um Kontakt zu Metathron. Spüre, wie du an die Hand genommen wirst und eine kleine Reise beginnt. Es kann einige Augenblicke dauern, bis du fühlst, was nun geschieht und wo du bist. Irgendwann wird vor deinem inneren Auge eine Situation entstehen, und dann steht Erzengel Metathron vor dir. Es kann sein, dass diese Visualisierung etwas nebulöser ist. Außerdem fühlst du dich sehr hoch angehoben, vielleicht sogar fast schwebend. Du wirst in eine sehr hohe Energie gehüllt. Wenn du dich unwohl fühlst, dann bitte darum, dass sie etwas reduziert wird. Der Kontakt ist deshalb nicht vorbei. Einige Menschen berichten, bei dieser Begegnung habe sich ihnen eine ehrfurchtgebietende Gestalt vorgestellt. Was geschieht, ist individuell verschieden. Du wirst jetzt das erleben, was für dich passend ist. Möglicherweise ist nun der Zeitpunkt, ein Initiationstor zu durchschreiten? Vielleicht bekommst du etwas überreicht, oder besondere Informationen warten auf dich. Lass dich führen und von dem überraschen, was du jetzt erlebst. Viel Freude mit Metathron!

Barbaras persönliche Erfahrungen

Ich bin ein sehr neugieriger Mensch, der am liebsten viele Schritte auf einmal machen möchte. Im Laufe der Zusammenarbeit mit Kryon habe ich allerdings festgestellt, dass man im Kontakt mit der geistigen Welt und in der eigenen Entwicklung nichts erzwingen kann. Alles stellt sich so ein, wie es passend ist. All die Wesen, die zu mir Kontakt aufnehmen wollen, tun es dann, wenn es stimmig ist. Der Kontakt zu Metathron kam ganz plötzlich. Er besuchte mich, als ich nicht mehr damit gerechnet hatte. Jetzt, während ich dieses Buch empfange, ist die Zeit ja schon wieder fortgeschritten. Heute geschehen die Dinge viel schneller, wenn man erwacht. Ich bin mir allerdings sicher, dass alle Schritte der Entwicklung einem göttlichen Plan unterworfen sind. Auch wenn wir oft glauben, dass etwas zufällig geschehen ist, so geschah es doch genau im richtigen Zeitfenster, wie Kryon gern sagt. Meine Begegnung mit Metathron in einer Meditation war eine wundervolle Reise in eine höhere, sehr lichte

Ebene, wo ich vor einen hohen Rat gebeten wurde. In diesem Rat war Metathron, der sich zu mir gesellte, mich herzlich begrüßte und mir eine Schriftrolle schenkte, die ich aber erst später ausrollen und lesen sollte. Er lächelte dabei und hielt mir dann noch einen Vortrag über göttliche Schöpferkräfte. Davon habe ich leider nicht viel behalten, obwohl ich gleich nach meiner Rückkehr Papier und Stift zur Hand nahm. Vieles von dem Wissen war wie weggeblasen. Plötzlich fühlte ich ihn wieder neben mir und er sagte: „Mach dir keine Sorgen, es ist alles in dir gespeichert, und wenn du es brauchst, ist es wieder da!" Die Rolle habe ich abends im Bett dann vor meinem inneren Auge geöffnet und die Botschaft gelesen. Sie war sehr persönlich, und ich war sehr gerührt. Natürlich habe ich alles minutiös in meinem Tagebuch vermerkt. Ich schreibe mir übrigens viele Dinge auf, von Hand, auch per Computer. Das hefte ich dann auf Papier in einem gesonderten schönen Ordner chronologisch ab. So kann ich immer nachlesen, wann ich was erlebte. Denn im Tagesbewusstsein kann man sich dann oft nicht mehr daran erinnern. Und es ist immer wieder schön, all das nachzulesen, was mir die geistige Welt geschenkt hat. Denn ich empfinde es als großes Geschenk, in diesen geistigen Verbindungen zu sein. Ich kann die ganzen Jahre der Entwicklung so leicht zurückverfolgen. Auch den ersten Kontakt zu Kryon.

11

Ein Treffen mit Erzengel Michael

Die Energie von Erzengel Michael ist eine hervorragende Möglichkeit, sich zu klären und Stärkung zu bekommen. Wir wollen dies eingehender beleuchten und Michael dann auch besuchen. Ich möchte dich mit ihm verbinden, dich mit ihm in Resonanz bringen. Ich könnte auch sagen: Ich bringe eure Felder in Resonanz, ich vernetzte euch, sodass ein Teil von der Energie des Erzengels Michael in dein Feld verwoben ist. Die Psychologie spricht dann vom Archetypus Erzengel. Ganz treffend würde man sagen: Du bist jetzt so weit entwickelt, dass du die Ebene der Erzengel, die in dir und in dem großen Feld des Einen vorhanden ist, erreichen kannst. Es geht ja um die Erweiterung deines Bewusstseins. Durch unsere gemeinsame Aktivität, indem du dieses Buch liest oder dich sonst mit mir oder anderen geistigen Lehrern und der Neuen Energie beschäftigst, erweiterst du dein Bewusstsein und erreichst die Schwingung der Erzengelenergie. Diese Verbindung ist ein weiterer Schritt hin zum Erkennen, dass letztlich alles eins ist und du dich lediglich schwingungsmäßig auf das ausrichten must, womit du Verbindung aufnehmen möchtest. Du solltest die reine Absicht aussprechen, mit dieser Energie vernetzt zu werden, und es wird geschehen.

Es ist schon passiert, du bist jetzt in diese Verbindung eingetreten. Eventuelle Blockaden haben wir aufgelöst. Tritt ein in die Welt von Erzengel Michael. Jede einzelne dieser Erzengelenergien ist letztlich in der Einheit mit allem anderen verbunden. Es sind Strahlen, Aspekte des Schöpfers allen Seins, die sich durch diese Energie ausdrücken. Sie wurden in die Welten der Dualität ausgesandt, um zu dienen, um den Menschen zu helfen, ihren Weg konstanter zu gehen.

Die Energie von Erzengel Michael ist als ein Wegweiser für schwierige Schritte bekannt. Sie ist die Kraft, die dich anheben kann, wenn es in deinem Leben stockt und du nicht den Mut hast weiterzugehen. Sie bewirkt einen Schubs in deine eigene Stärke. Du hast jetzt die Gelegenheit, dich dieser Stärke bewusst zu bedienen. Sie ist jederzeit für dich erreichbar. Die Verbindung mit der Energie des Erzengels Michael kann visuell, gefühlsmäßig und auch durch Kommunikation geschehen. Und jetzt kommt wieder das Unvorstellbare: Du brauchst nur an ihn zu denken, und schon ist er da. Manche Menschen meinen, laut und lange rufen zu müssen, bis sie endlich erhört werden. Das ist nicht notwendig. Du bist in Resonanz mit dieser Energie, sie ist nur einen Gedanken von dir entfernt. Ich möchte sogar sagen, sie wirkt eigentlich schon, sie ist fast schon im Dienst, und das prachtvolle Schwert ist bereits gezückt. Du brauchst nur noch dein Bewusstsein auf diese Kraft zu fokussieren, und schon ist sie tätig. Ich weiß, dass du dir dies nicht so recht vorstellen kannst. Du meinst: „Ich hab noch Blockaden. In meinem Leben läuft doch vieles noch nicht so, wie ich es mir wünsche. Ich bin in starken Transformationen. Trotzdem kann Michael durchkommen und helfen?" Das ist ja gerade das Neue in dieser Zeit. Wir stehen neben euch, einen Hauch von euch entfernt. Ihr braucht nur eure Aufmerksamkeit auf uns zu richten, was einem Hilferuf gleichkommt, und schon sind wir in Aktion. Hab Vertrauen, dass dem so ist, auch wenn du zurzeit vielleicht stark gebeutelt wirst und eher sagst: „Wo war denn Michael, als mir jenes Missgeschick passierte? Er hätte mir doch helfen können. Wo war er?" Ich erlaube mir zu erwidern: „Er stand da, hat auf deinen Gedanken gewartet, um dann das zu glätten, was zu glätten gewesen wäre. Aber du hast dich lieber in das Drama verwickelt, als dich seiner Kraft zur Unterstützung zu bedienen. Du wolltest lieber darben oder leiden. Wie auch immer, du hast nicht an die Hilfe von dieser Ebene gedacht oder geglaubt. Ich vermute eher, du hast es nicht so recht glauben können, dass Hilfe so leicht sein kann. Oder du hast wie so oft gedacht: „Das schaffe ich auch allein, das wäre doch gelacht, da brauche ich keine himmlische Hilfe." So ist es wohl gewesen.

Mein Rat an dich ist: Lege all deine Vorbehalte und Zweifel, ob diese Hilfe überhaupt möglich ist, beiseite und probiere es doch einfach einmal aus. Bei der nächsten Gelegenheit, bei der ein Problem in deinem täglichen Leben auftaucht, denke an Michael. Vielleicht möchtest du das Problem ausführlich erläutern und sagen: „Was mache ich nun, lieber Michael?" Oder du weist gedanklich auf die Lage hin, zum Beispiel: „Lieber Michael, du siehst, was hier los ist. Bitte hilf, die Lage zu entdramatisieren. Bitte gib mir eine Eingebung, was zu tun ist. Im Zweifelsfalle sprich doch bitte durch mich." Wenn du voller Vertrauen bist, denkst du einfach nur: „Michael, bitte hilf!", und er wird tun, was in seiner Macht steht.

Das möchte ich kurz näher besprechen: Du befindest dich in starken Transformationsprozessen, das weißt du. Die Energie von Erzengel Michael ist ein Geschenk für diese Zeit, eine besondere Gabe für den Menschen auf dem Weg zur Meisterschaft. Allerdings kann er nur da behilflich sein, wo die Bereitschaft vorhanden ist zu erkennen, warum diese Situation in dein Leben gekommen ist. Du gehst in Resonanz mit all den Dingen, die in deinem Leben geschehen. Du hast dir selbst kreiert, was dir geschieht. Dafür ist niemand anderer verantwortlich, nur du. Wenn Michael hilft, dann nur so weit, dass die Lage für dich durchschaubar wird. Den Rest der Auflösung musst du dann selbst erledigen. Nehmen wir ein Beispiel: Du hast Probleme mit dem Amt, eine Zahlung oder eine Aufforderung steht dir ins Haus und ein persönliches Gespräch mit dem Sachbearbeiter ist unumgänglich. Bevor du sein Zimmer betrittst, bitte Michael, mit in Aktion zu treten. Er wird dann vielleicht mit seiner Energie erreichen, dass sich die Situation entspannt, aber er wird wahrscheinlich nicht bewirken, dass alles erledigt ist. Er leitet einen positiven Ausgleich ein, an dem du dann weiterarbeiten kannst. Die Frage, die du dir stellen solltest, ist: „Warum kam diese Situation in mein Leben?" Vielleicht erlebst du dies, um deine Angst vor der Obrigkeit abzulegen. Oder du sollst erkennen, dass du immer denkst, alle wollten dich beschuldigen oder dir etwas wegnehmen. Oder du fühlst dich generell an allem schuldig, egal, was es ist. Oder du sollst lernen, diesem Menschen mit offenem Herzen zu begegnen, weil er vielleicht auch deine Unterstützung, dein Licht benötigt. Beobachte so eine Situation mit allen ihren Facetten ganz genau.

Es gibt viel zu erkennen, wenn Michael und du gemeinsam arbeiten. Du kannst mit deiner Aufmerksamkeit vieles klären, und darum geht es ja in dieser ganzen Zeit. Vielleicht gehst du lächelnd aus so einem Gespräch heraus und sagst: „Das hätte ich wirklich nicht für möglich gehalten, dass wir diese Einigung erzielen können. Zuerst war der Sachbearbeiter ganz kühl, eher abweisend, und nach ein paar Worten, die ich mit Michael gemeinsam sagte, sah ich, das sich sein Gesicht klärte, er lächelte und bot mir eine akzeptable Lösung des Problems an."

So kann es geschehen. Die Beispiele sind unendlich. Vielleicht möchtest du eine neue Arbeitsstelle wählen, magst dich aber nicht mehr so gern vorstellen, weil du es schon so oft getan hast und immer eine Absage damit verbunden war. Wenn du dich das nächste Mal irgendwo bewerben willst, dann bitte vorher erst einmal darum zu erfahren, ob diese Stelle überhaupt passend für dich ist. Wenn du ein bestätigendes Gefühl hast, durch deine Intuition oder durch ein inneres „Ja, das passt", dann denke nochmals an Erzengel Michael und spüre, wie er seine Kraft in dein Bewerbungsschreiben gibt. Das mag verrückt erscheinen, aber es kann tatsächlich geschehen. Es ist wie bei diesem Buch. Auch darin ist die göttliche Energie verwoben.

In deinem täglichen Leben ist die Energie von Erzengel Michael eine gute Möglichkeit, Situationen zu klären und Mut für außergewöhnliche Schritte zu schöpfen, um das Selbstbewusstsein zu stärken. Damit möchte ich die Kraft deines Goldenen Engels nicht infrage stellen. Und wenn du mich nun fragst: „Mit wem soll ich denn eher sprechen oder zusammenarbeiten?", dann antworte ich dir: Fühle in dich hinein, und du wirst wissen, wann du Michael zur Unterstützung wählen möchtest oder wann du der Verbundenheit mit deinem Höheren Selbst den Vorzug gibst. Irgendwann, wenn du energetisch mit diesem höheren Anteil von dir noch enger verwoben bist, ist dein Feld so mit Licht erfüllt, dass du mit allem eins bist, auch mit der Energie von Erzengel Michael. Dann gibt es kein separates Agieren und Denken mehr, das verspreche ich dir.

Doch vorerst möchte ich dir ans Herz legen, alle Möglichkeiten, die dir zur Verfügung stehen, und alle Werkzeuge der Neuen Energie zu nutzen. Hast du Lust auf eine kleine Übung? Ich möchte dir die Energie von Erzengel Michael vorstellen.

Wir nehmen wieder die Wiese oder den Strand oder einen Platz deiner Wahl für eine Begegnung. Ich möchte dich bitten, dich im Geiste dorthin zu begeben. Gehe wieder ganz ins Gefühl, nimm dich dort als Gestalt wahr. Fühle an dir mit deinen geistigen Händen herunter und prüfe, welche Kleidung du trägst. Befühle dich so lange, bis du dich ganz plastisch siehst. Dann schreite ein bisschen über die Wiese, nimm die Umgebung gut wahr und halte Ausschau nach einem anderen Wesen, nach Erzengel Michael. Er hat sich für dich ebenfalls als Gestalt manifestiert. Das erleichtert die Verbindung und gibt dem Verstand ein Gefühl der Sicherheit. In den Einweihungspfaden verschiedener Religionen wird vielfach auf das Formlose hingearbeitet, weil Geist etwas Formloses ist. Aber Geist ist formbar und Geist formt alles. So kann sich die hohe Energie von Erzengel Michael oder anderen vor deinem inneren Auge manifestieren. Nimm ihn wahr. Er kommt zu dir und steht nun direkt vor dir. Jongliere ein bisschen mit dem inneren Schauen, wenn deine Bilder noch nicht so klar sind. Verstehe bitte, dass sich Michael dir so zeigt, wie du ihn entweder von Abbildungen kennst oder wie du ihn dir vorstellst. Vielleicht hast du sogar eine Prägung, die aus einer anderen Zeit stammt, in der du schon mit dieser Energie gearbeitet hast. Probiere, ihn von Nahem zu sehen, sodass er vor dir steht wie ein Freund, der dich besucht. „Schaue" mit dem Gefühl und betrachte Stück für Stück seine Gestalt. Beim Gesicht haben viele von euch noch Probleme, aber das legt sich mit stetem Üben. Michael lächelt dich sicher an. Wenn dein Bild gar nicht so recht entstehen will, dann betaste ihn mit deinen geistigen

Händen. Fühle, wie das Gewand beschaffen ist, das er trägt. Manchmal kommt er in einem wallenden Gewand, oft bevorzugt er es, als ritterliche Gestalt in einer Rüstung zu erschienen. Bestimmt, um dir seine Stärke zu vermitteln, die besagt: „Gemeinsam schaffen wir alles." Michael bevorzugt blaue Farbtöne, obwohl auch viel Weiß dabei sein wird. Nimm dir Zeit, ihn besser zu sehen. Dann begrüßt euch. Vielleicht grüßt Michael dich ritterlich oder eher fürsorglich. Während dies geschieht, können bereits Worte fließen, als Gefühl oder als Gedanke. Das kann zum Beispiel sein: „Wie schön, dass ich dich hier treffe." Oder: „Endlich nimmst du mich wahr, ich bin doch schon so lange an deiner Seite." Oder: „Jetzt ist das passende Zeitfenster, mit mir gemeinsam zu agieren." Oder: „Ich bin dein Bruder, vertraue mir!" Genieße die Begegnung und probiere, gut in Kontakt zu kommen. Wenn du schon kommunizieren kannst, dann lausche Michaels Botschaften.

Diese Art der Begegnung ist ein guter Einstieg in eine stabile Zusammenarbeit. Später, wenn du in dieser Art der Kontaktaufnahme etwas sicherer bist, kannst du sie immer wieder einmal zwischendurch probieren, auch im täglichen Leben. Dann brauchst du dich nicht mehr zurückzuziehen und an einem abgeschiedenen Ort zu meditieren, um die Verbindung zu pflegen. Die Kommunikation so wie eben zu probieren stärkt das Vertrauen. Die Kunst ist, sich der Verbundenheit während des ganzen Tages bewusst zu sein und sie zu nutzen. Das ist wie eine Dauermeditation.

Ein Kontakt mit der Energie von Erzengel Michael ist auch im täglichen Berufsleben sehr hilfreich. Du lebst in einer sehr kurzlebigen Zeit, in der oft schnell Entscheidungen getroffen werden müssen. Und wenn keine Zeit dafür da ist, alles gut abzuwägen, dann ist eine Entscheidung mit der Kraft von Erzengel Michael von großer Hilfe. Ich möchte betonen, dass diese Energie sehr kraftvoll ist. Sie lebt die göttliche Wahrheit und ist mit einer großen Prise Gnade verwoben. Erzengel Michael wird allerdings nichts unterstützen oder vollbringen, was nur zu deinem eigenen Vorteil ist. Er arbeitet so, wie ich auch arbeite: Wir wissen, dass wir alle miteinander verbunden sind, und wir möchten dir vermitteln, dass du das, was du anderen antust, letztlich auch dir selbst antust. Es kommt alles wieder auf dich zurück, was nicht in Liebe ausgesandt wird.

Wenn wir mit dir zusammenarbeiten, dann bemühen wir uns, eine Win-Win-Situation zu schaffen. Das heißt, wir versuchen zu erreichen, dass alle, die an einer schwierigen Situation beteiligt sind, eine Läuterung, eine Hilfe erfahren, nicht nur du, der du uns rufst. Es kann auch geschehen, dass du zunächst etwas enttäuscht von uns bist und sagst: „So habe ich mir das eigentlich nicht vorgestellt. Jetzt schaut es ja so aus, als hätte der andere gewonnen." Bei genauerem Hinsehen wirst du allerdings feststellen, dass ihr beide gewonnen habt, das versichere ich dir.

Weitere Übungen

Mit der Energie von Erzengel Michael lassen sich auch gut Dinge reinigen und klären. Er ist Spezialist im Durchschneiden alter Muster. Wollen wir dies einmal probieren? Weißt du, du bist in dieser ereignisreichen Zeit ständig dabei, dich zu transformieren. Eigentlich den ganzen Tag. Du schaffst dir permanent Situationen, um Altes zu lösen, und dies wird von deinen Helfern gern unterstützt. Wenn du nun wieder einmal eine Erkenntnis gewonnen hast, wieder um eine Erfahrung reicher geworden bist, aber das Gefühl hast, da muss noch etwas energetisch gelöst werden, dann ist Michael der ideale Partner. Ich bitte dich nun, deine Augen zu schließen. Wenn du eine Zeremonie sehen möchtest, kannst du auf die Wiese gehen. Du kannst aber auch einfach darauf vertrauen, dass du eine Klärung bekommst, und die Arbeit fühlen, die Michael jetzt vornimmt.

Wenn du schauen möchtest, bitte ich dich wieder auf die Wiese oder an den Strand. Triff dich dort mit Erzengel Michael. Visualisiere die Situation, bis du sie klar vor deinem inneren Auge siehst. Dann bitte um Klärung all der Muster, die jetzt gehen dürfen. Vielleicht denkst du dabei an eine bestimmte Erfahrung oder Situation, die gerade geschehen ist. Oder du vertraust darauf, dass er weiß, was zu tun ist. Beobachte bitte, was geschieht. Wahrscheinlich zückt er sein Schwert und schwingt es um dich herum. Manchmal kannst du nicht genau erkennen, was er macht. Er arbeitet vielleicht an deinem Kopf oder an deinem Herzen. Vielleicht schneidet er etwas durch, was aus deinem Solarplexus ragt. Oder er klärt etwas im Bereich deines Unterleibs. Solche Klärungen stehen jetzt bei vielen Frauen an, die ihre Weiblichkeit heilen möchten. Du kannst auch ganz gezielt an einem bestimmten Thema mit ihm arbeiten, zum Beispiel Ängste oder Sorgen in einer Partnerschaft. Du fragst dich vielleicht: „Warum komme ich mit meinem Geschäftspartner nicht recht klar? Was ist das für eine Verbindung, die ich zu ihm habe? Wirkt da noch etwas aus alter Zeit?" Dann bitte Michael, eine Klärung vorzunehmen, die die Beziehung entspannen kann. Manchmal, wenn er es für notwendig hält, kommen passend dazu Bilder in dein Bewusstsein, die dir zeigen, was ihr gemeinsam erlebtet. Sei gewiss, dass die Verbindung sich verändert. Da du ja ins Vergessen gestürzt wurdest, kannst du nicht alle deine Erfahrungen an die Oberfläche holen. Michael aber sieht die noch ungelösten Muster in deinen Körpern. Vertraue darauf, dass er das Rechte tut. Danach bist du vielleicht etwas müde oder erschöpft, denn die Klärung wirkt sich auch auf die körperliche Ebene aus.

Barbaras persönliche Erfahrungen

Mit der Energie von Erzengel Michael arbeite ich besonders gern. Er ist ein starker Helfer, der auch sehr humorvoll sein kann. Wenn ich seine Hilfe brauche, lacht er oft und sagt:

„Ach, das schaffst du doch ganz allein. Zücke dein blaues Schwert und agiere!" Zuerst habe ich erstaunt geguckt und gefragt, wie er dies meine. Da hat er wieder gelacht und gesagt: „Wir sind doch eng verbunden, agiere selbst, ich stehe schon hinter dir. Du hilfst dir am meisten, wenn du darauf vertraust, dass du es schaffst und dass ich dich inspiriere, wenn du nicht weiter weißt. Erst einmal solltest du selbst versuchen, die Situation zu meistern!" Wenn ich jetzt zurückschaue, hat er recht. Irgendwie gelingt es mir immer mehr, selbst in unsicheren Situationen in der Kraft zu sein. Wenn mir etwas ganz besonders schwierig erscheint, schließe ich kurz meine Augen und sehe dann eine blaue Farbe. Und wenn ich dann denke: „Aha, er ist da", dann spüre ich ein Lächeln. Das ist schwer zu beschreiben, ich spüre es einfach und weiß, es wird sich alles klären. Es ist ein schönes Gefühl, zu wissen, dass man wirklich nie allein ist. Übrigens, wenn ich sehr aufgeregt bin, hilft mir auch tiefes Ein- und Ausatmen, mich zu beruhigen. Das ist ein altbekanntes Mittel, nur denken wir meist nicht dran, wenn es angebracht ist.

Teil 3

Göttlich leben in der Goldenen Welle allen Seins

12

Das Persönlichkeitsselbst

Willkommen im Reich der Dualität! Lehne dich entspannt zurück und erfahre ein bisschen mehr über dein Persönliches Selbst. Damit meine ich denjenigen Anteil von dir, der durch Erfahrungen, Umwelteindrücke, die Familie und alle anderen Begegnungen, die du erlebt hast, geprägt wurde. Kein Seelenanteil kommt ganz klar und rein auf die Erde, egal welche Zeitschiene er sich aussucht. Noch einmal zur Erinnerung: Du wählst auf der anderen Seite des Schleiers zusammen mit deinen geistigen Führern und deiner Gruppe das nächste Leben aus. Ihr überlegt genau, was in dieser Inkarnation erkundet und erfahren werden soll und wo noch ein Ausgleich ansteht. Dieser Ausgleich wird weitläufig als Karma bezeichnet. Bei welchem Thema hast du also etwas getan oder erfahren, was noch nicht ausgeglichen ist? Stell dir das ruhig wie eine Gesprächsrunde vor, die alle Aspekte ausführlich erörtert. Auf dieser Zeitschiene, die für die Erde sehr wichtig ist und alle anderen beeinflusst, waren vielleicht nicht der Körper, die Gene und die Lebensbedingungen frei, die für dich eigentlich genau passend gewesen wären. Das erklärt unter anderem, warum so *viele* Menschen zurzeit inkarniert sind und auch, warum sie geballt an bestimmten Orten leben. Sie wollten jetzt hier sein, um dieses Schauspiel der Veränderung mitzuerleben, aber der gewünschte Körper war schon vergeben. So wählte der Seelenanteil vielleicht ein Erdenkleid in einem Land, in dem die Bedingungen zwar nicht optimal waren, wo aber immerhin die Möglichkeit bestand, überhaupt hier zu sein. Das erklärt auch die große Bevölkerungsdichte in manchen Erdteilen und Ländern.

Wenn du dich entschieden hast, wirst du von deinen geistigen Helfern und speziellen Einweisern auf dein neues Leben vorbereitet. Du bist nicht von Anfang an und auch nicht unbedingt ständig im Leib des Embryos. Meist gehst du hinein, um zu probieren, wie es sich anfühlt, auch um zur Mutter einen engeren Kontakt zu bekommen. Ab dem vierten Monat entscheidest du dich meist, länger beziehungsweise ganz in dem kleinen Körper im Mutterleib zu bleiben. Da setzt dann allmählich das Vergessen ein, und du trennst dich von deiner neutralen Ebene auf der anderen Seite des Schleiers. Wie könntest du unvoreingenommen deine irdischen Erfahrungen sammeln, wenn du dich ständig an die andere Seite erinnern würdest? Mit dem Einstieg in die Materie, in den Leib der Mutter, verweben sich allmählich die alten Erfahrungen, die du mitbrachtest, mit deinem Körpersystem.

Das erklärt, warum du nie neutral bist, wenn du neu inkarnierst. Du nimmst das Unaufgearbeitete und die Verträge mit, die Aufgaben, die du vielleicht speziell dieses Mal für die Erde eingepackt hast. Alles verwebt sich miteinander, um sich dann im passenden Zeitfenster zu aktivieren. Die Zeit im Mutterleib dient nicht nur der körperlichen Reifung, sondern auch dem Zusammenschmelzen der mitgebrachten Erfahrungspakete und der neuen Pläne für diese Inkarnation. Dazu kommen die Erfahrungen, die du im weiteren Verlauf dieses Lebens sammelst. Ein weiterer wichtiger Faktor ist der freie Wille. Er bewirkt vielleicht, dass gewisse Pläne nicht oder nur teilweise oder anders angegangen und erlebt werden.

Wenn das Kind nicht geboren wird, weil die Mutter sich gegen ein Austragen der Leibesfrucht entschieden hat, zieht die Seele sich zurück. Sie verlässt den Leib und geht wieder in die anderen Ebenen. So ein Abbruch hat nicht nur für die Mutter eine Bedeutung, sondern auch für den Seelenanteil, der inkarnieren wollte. Beide treffen ihre Entscheidungen. Auch ein Seelenanteil kann sich wieder zurückziehen, wenn er es sich anderes überlegt hat. Das kommt allerdings selten vor. Meist ist ein vorzeitiges Ende der Schwangerschaft eine Erfahrung, die die Mutter machen wollte. Es gibt keinen zufälligen Schwangerschaftsabbruch, auch wenn vielleicht ein Unfall dabei eine Rolle spielt. Der wurde als Möglichkeit für den Rückzug eingeleitet. Ein Schwangerschaftsabbruch sollte nicht als etwas Negatives oder gar als etwas Sündhaftes bewertet werden. Es ist eine Entscheidung, die zwischen der Mutter und dem Seelenanteil getroffen wird. Sicherlich ist auch der Vater in den Erfahrungsbereich mit eingebunden. Alle erleben ihn, weil sie es so gewollt haben. Vielleicht fehlte diese Erfahrung noch im Repertoire, oder sie musste zum Ausgleich anderer Erlebnisse erfolgen. Kein Mensch sollte sich erlauben, diesbezüglich eine Bewertung abzugeben, denn niemand kann in den Seelenplan eines anderen hineinschauen.

Besonders liebevoll kann sich eine Beziehung zwischen Mutter und Kind entwickeln, wenn sie bewusst Kontakt miteinander aufnehmen. Wobei der Seelenanteil im Leib meistens einen sehr guten Kontakt hat, weil er alles, was die Mutter betrifft, intensiv spürt. Für eine harmonische Verbindung zwischen beiden ist es zu empfehlen, die Schwangerschaft sehr bewusst zu erleben, das Kind ganz in das tägliche Leben mit einzubeziehen und nicht zu glauben, es bekomme ja sowieso noch nichts mit. In der Neuen Energie ist es durchaus möglich, direkten Kontakt zum Embryo oder Fetus aufzunehmen. Sogar schon während der Empfängnis oder wenn die bewusste Entscheidung für ein Kind gefallen ist, können die Mutter und der neue Erdenbürger in Verbindung treten. Urvölkern ist dies gut bekannt und sie leben dies heute noch. In Lemurien war das ganz normal. Man wusste, wer inkarnieren wollte, und pflegte den bewussten Kontakt, auch um es der Seele so leicht wie möglich zu machen.

Jetzt, in der Zeit der Neuen Energie, bietet es sich geradezu an, diesen Kontakt früh aufzunehmen, weil auch viele weit entwickelte Seelen inkarnieren. Was ist schöner, als ihnen zu helfen, damit sie es so leicht wie möglich haben. Dabei können die werdenden Eltern vielleicht sogar schon erfahren, welche besonderen Eigenschaften und Aufgaben dieses Wesen mitbringt, und es dabei unterstützen. Womöglich sagt der inkarnierende Seelenanteil ihnen auch, warum er sich diese Eltern ausgesucht hat, und gemeinsam stellen sie fest, dass sie sich bereits aus anderen Inkarnationen oder sogar aus noch weiter zurückliegenden Zeiten oder Welten kennen. Es kommen immer mehr Seelen auf die Erde, die noch nicht so oft hier waren und Inkarnationen von hohen Wesenheiten sind, die jetzt der Erde bei ihrem Aufstieg helfen wollen. In diesem Zusammenhang bleibt noch zu erwähnen, dass diese lichten Wesen, die inkarnieren wollen, eine besonders liebevolle und weibliche Art des Eingliederns in die materielle Welt benötigen. Die Erziehungseinstellungen, die die Eltern selbst erfahren haben, sollten überdacht werden. Viele der neuen Kinder lassen sich nicht in die üblichen, hier noch gängigen Erziehungsmaßregeln eingliedern. Sie wissen instinktiv, warum sie hier sind. Vielleicht auch, um eben diese Erziehungsparadigmen zu verändern. Liebe Mütter und Väter, helft ihnen dabei!

An alle werdenden Mütter und alle, die im Moment vielleicht selber nicht schwanger sind, aber meine Worte anderen mitteilen möchten, sende ich die Bitte: Nimm Kontakt zu dem neuen Erdenbürger auf. Das gelingt genau so wie zu Erzengel Michael oder deinem Höheren Selbst. Es ist derselbe Kanal. Schließe deine Augen und fühle in deinen Bauch hinein. Auch wenn das Kind noch nicht ständig mit dem Geist im Fleisch ist, so ist es doch möglich, Kontakt zu bekommen. Begrüße das Wesen und vermittle ihm, dass du wissen möchtest, ob alles zu seinem Besten ist. Wie du diesen Kontakt nun genau gestalten möchtest, das überlasse ich deinem Herzensgefühl. Du wirst schon wissen, was zu tun ist. So kann ein innigliches Band zwischen Mutter und Kind wachsen. Wenn dein Partner ebenso offen ist wie du, dann lass ihn an der Innigkeit teilhaben. Im Kontakt mit dem inkarnierenden Seelenanteil könnt ihr alles beleuchten und erklären, zum Beispiel, ob das Kind sich wohlfühlt, welche Musik es liebt, welche Körperhaltung ihm am angenehmsten ist und vieles mehr. Es mag verrückt klingen, aber stell dir vor, dein Kind bekommt wirklich alles mit, was du tust und erlebst. Dieses Wissen sollte allerdings nicht in Hysterie ausarten, weil du dir dann jedes Wort überlegst. Es geht um das Gefühl, das du diesem Wesen entgegenbringst. Alles, was in deinem Leben abläuft, kannst du mit Liebe unterlegen, indem du einfach immer das wachsende Leben fürsorglich mit einbeziehst. Wenn etwas nicht so Angenehmes geschieht, sei es eine Auseinandersetzung mit jemandem oder eine große Anstrengung, so lege schützend deine Hand auf den Bauch, flüstere liebe Worte und schicke Licht hinein. Das gleicht alles aus. Mehr möchte ich zu diesem Thema nicht vermitteln. Du musst selbst probieren, was für dich und dein Kind individuell das Richtige ist.

Ich möchte jetzt gern zu der Zeit vor deiner Geburt wechseln, denn du bist ja selbst auf diese Art und Weise auf die Erde gekommen. Obwohl ich das einschränken muss, da einige der Leserinnen und Leser als sogenanntes Walk-In auf die Erde kamen. Das ist eine Möglichkeit, deren sich einige Wesen immer öfter bedienen. Dabei nehmen zwei Seelenanteile während eines Lebens einen Wechsel vor. Einer geht, weil sein Lebensprogramm hier beendet ist, aus welchem Gründen auch immer. Der andere hat wichtige Aufgaben zu erfüllen und möchte den langen Weg der Kindheit nicht gehen, um effektiver und schneller wirken zu können. Dann verlässt der eine Anteil den Körper, während der andere hineingeht. Das geschieht oft während einer Krankheit. In den meisten Fällen aber bist du ganz normal, also als Embryo, ins Leben getreten. Da wir hier über das Persönlichkeitsselbst sprechen, möchte ich dir vermitteln, welche Erfahrungen du im Mutterleib gemacht hast, bevor du auf die Erde gekommen bist. Diese Erlebnisse hast du als Prägungen ebenso mit in dieses Leben gebracht wie ein paar Päckchen von der anderen Seite des Schleiers. Dazu kamen dann die weiteren Erfahrungen im Laufe dieses Lebens.

Hast du Lust, mich ein Stück in deine Vergangenheit zu begleiten und mit mir die Zeit im Bauch deiner Mutter zu erkunden? Traust du dich?

Schließe deine Augen und fühle, wie ich dir im Geiste meine Hand reiche. Ich möchte dich gern schützend in diese doch sehr intensive Erfahrung führen. Mache es dir auf einem Stuhl bequem oder lege dich hin. Im Liegen kommen viele Menschen leichter in die Entspannung. Wähle das, was dir am besten gefällt. Nun atme einige Male tief durch. Spürst du noch meine Hand? Ich bin bei dir, es kann dir nichts geschehen. Diese Erfahrung kann für dich sehr angenehm und gefühlvoll oder auch etwas angespannt und leicht unangenehm sein. Das hängt davon ab, welche Erfahrungen du dir für die Schwangerschaft und die Geburt ausgesucht hast. Jetzt spüre einen geschlossenen Raum. Ich führe dich in den Leib deiner Mutter. Du bist jetzt in dir selbst als Embryo. Ich führe dich sanft in diese Zeitebene zurück. Wie fühlst du dich? Kannst du den dunklen Raum, den Bauch deiner Mutter spüren? Vielleicht ist es für dich angenehm warm und du fühlst dich kuschelig geborgen. Oder es ist eher eng und bedrückend. Das kann wechseln und hängt natürlich auch von dem Verhalten und den äußeren Lebensumständen der Mutter ab. Wenn viel Hektik und Unruhe in ihrem Leben ist, wirst du dies spüren. Gönnt sie sich Zeiten der Ruhe und ist sie sehr glücklich in der Schwangerschaft, bekommst du dies ebenso mit. Herrscht Harmonie in der Familie deiner Eltern, ist dies für dich fühlbar. Lebt deine Mutter eher allein und ängstlich in einer nicht so optimalen äußeren Welt, spürst du ihre Gefühle sicher auch. Ich lasse dich jetzt ein bisschen allein in dieser Situation. Bitte nimm dir Zeit für diese Reise. Beleuchte die Zeit deines Wachsens im Leib deiner Mutter. Wir wollen später gemeinsam den Vorgang deiner Geburt erleben.

Ich möchte nun zu einem bewegenden Thema kommen: Die Erlebnisse und Begegnungen in der pränatalen Zeit und im Kleinkindalter sind wichtig für das weitere Leben des Menschen. Das wissen eure Psychologen, deshalb widmen sie ihnen entsprechend viel Aufmerksamkeit. Jeder Mensch hat diese Erfahrungen und ist in dieser Phase auch sehr bewusst mit seinen geistigen Führern verbunden. Dies ist dir sicher gut bekannt, vielleicht erinnerst du dich selbst an die Verbindung. Und bei der Übung von eben, als du diese Rückführung in den Mutterleib machtest, hast du gespürt, dass ein Kontakt da war, der dir Ratschläge gab, der dir half, mit der Dunkelheit besser zurechtzukommen. Vielleicht haben dir deine Führer viel über die nächsten Schritte deiner Erderfahrungen erzählt. Während der Geburt waren sie da und halfen dir über den Geburtsschock hinweg. Als du ein kleines Kind warst, haben sie an deinem Bettchen gestanden und dir zugeflüstert: „Wir sind immer da, wenn du uns brauchst, vergiss uns nicht. Wir bleiben in Verbindung." Beim Spielen in der Sandkiste haben sie dir geholfen, die Burg zu bauen, und bei den ersten Tränen, weil dir jemand etwas wegnahm oder deine Mutter dich kurz allein ließ, haben sie dich getröstet. Trotzdem werden sie nicht in dein Erfahrungsspektrum eingegriffen haben, wie sie es heute auch nicht tun. Sie haben dich lediglich unterstützt.

Die vorkindlichen und kleinkindlichen Erfahrungen sind teils geplant, teils auch dem freien Willen des Menschen unterworfen. Ein gewisser Entscheidungsspielraum war und ist da, aber du wirst alle Erfahrungen leben, die du dir zusammengestellt hast. Warum ich so deutlich darauf hinweise? Ich tue dies, weil viele Menschen, auch die Psychologen, immer noch Schuldzuweisungen machen. Sie sagen: „Wenn sich die Mutter oder eine andere Person nicht so verhalten hätte, wäre dies nicht geschehen. Warum hat sie nicht aufgepasst?" Vielleicht hast du eine starke körperliche Verletzung oder einen Unfall erlitten, der sichtbare oder unsichtbare Narben hinterlassen hat. Oder du hast im Bauch deiner Mutter und als kleines Kind wenig Liebe und Schutz bekommen. Wem möchtest du die Schuld dafür geben? Deinem Vater, weil er sich nicht genug um dich kümmerte und deine Mutter verließ? Du hast dir diese Familie ausgesucht. Du hast sie deinen Plänen für dieses Leben entsprechend gewählt. Sie boten dir genau die Voraussetzungen, die du brauchtest. Ich bitte dich, einen Moment innezuhalten und darüber nachzudenken. Es ist manchmal viel schwerer, etwas loszulassen, als Schuldzuweisungen zu nähren. Auch manche Verhaltensweisen, die auf diesen alten Wunden aufbauen, bekommen dann ein anderes Gewicht.

Möchtest du jetzt all das, was in dieser Phase deines Lebens nicht harmonisch war, aus diesem Blickwinkel betrachten und loslassen? Fein, dann rufe ich Erzengel Michael. Lehne dich zurück und erlaube ihm, an dir zu arbeiten und das zu entlassen, was dir jetzt bewusst geworden ist und was du loslassen möchtest. Bedenke, dass dies nur wirkt, wenn du auch wirklich willst. Du kennst sicher auch

Menschen, die es lieben, sich in alten Wunden zu suhlen, die sie gar nicht loslassen wollen, weil sie dann keinen Menschen oder Umstand mehr beschuldigen können, wenn ihnen etwas misslingt. Sie können keinen mehr dafür verantwortlich machen, wenn ihr eigenes Leben nicht so läuft, wie sie es sich wünschen. Willst du loslassen? Gut. Dann sei es so. Geehrt ist der Mensch, der erkennt, dass alles, was in seinem Leben geschieht, selbstgemacht ist. Es lebe die Eigenverantwortlichkeit und die Freiheit! Übrigens: Das Loslassen ist ein Prozess, der langwierig sein kann und von deiner Bereitschaft abhängt, wirklich loszulassen. Aber Erzengel Michael ist äußerst geduldig und für weitere Klärungen jederzeit startbereit. Habe Mut, es wird gelingen.

Ich möchte in diesem Zusammenhang gern die Arbeit der Psychologen und Therapeuten ansprechen: Es ist nichts gegen erlernte und studierte Arbeit einzuwenden. Das ist geehrt und geliebt. Nur wurde jetzt eine andere Ära des Bewusstsein eingeläutet. Es wäre wunderbar, wenn alle therapeutisch Arbeitenden sich auf die Verbindung zur geistigen Welt ausrichteten und für neue Sichtweisen öffneten. Und es ist nicht mehr die Zeit für langwierige Psychotherapien. Nur in äußerst dramatischen Fällen mögen sie noch sinnvoll sein. Aber in den meisten Fällen werden die Probleme der Klienten durch traumatische Begegnungen aus anderen Leben, die noch gespeichert sind und gelebt werden, sowie durch pränatale und frühkindliche Erfahrungen hervorgerufen. Warum lange forschen und laborieren, wenn die geistige Welt ganzheitlich schauen und dann beratend helfen kann? Wenn sie die Felder des Menschen energetisch klären kann, damit er sich wieder frei zu bewegen und frei zu entscheiden vermag? Mein Rat an die Therapeuten der Neuen Zeit ist: Öffnet euch für uns, lasst mehr Leichtigkeit in eure Arbeit fließen, legt starre Regeln ab. Lernt, Verbindung zur geistigen Welt aufzunehmen. Wir helfen euch gern dabei. Eure Arbeit wird dann deutlich effizienter werden, wenn dieses Wort überhaupt angebracht ist. Unsere gemeinsame Arbeit kann sogar so in die althergebrachten Methoden eingeflochten werden, dass die Bedingungen der Krankenkassen gewahrt bleiben. Wir sind immer einsatzbereit. Damit ihr und wir gemeinsam wirken können, ist es lediglich notwendig, dass ihr eine reine Absicht habt, vor der Sitzung mit dem Patienten Verbindung zur geistigen Welt aufnehmt und Vertrauen zur eigenen göttlichen Präsenz habt. Wir und das Höhere Selbst übernehmen gern die Führung der Heilsitzung. Wäre das nicht eine wunderbare Art ganzheitlichen Arbeitens? Geehrt sind die Psychologen, Mediziner und Therapeuten aller Art, die den Menschen als multidimensionales Lichtwesen erkennen und ihn entsprechend therapeutisch begleiten und in die Einheit führen!

Ich bin dafür bekannt, dass ich dazu rate, nicht zu sehr in der Vergangenheit zu verweilen, sei es in anderen Leben oder in diesem. Jetzt rate ich, im Hier und Jetzt zu verweilen und mit reiner Absicht in der Verbindung zum Goldenen Engel und zu uns das Alte willentlich zu entlassen. Wenn du bereit bist, klären wir deine Felder. Nur ab und an hat es Sinn zu schauen, woher welche Prägungen kommen. Weil die Verantwortung und die Entschuldigungen für die Probleme der Menschen oft in der Kindheit gesucht werden, hat es Sinn, diesen Bereich gezielt zu erfühlen und zu erkunden. Vorausgesetzt, du hältst es selbst für angebracht. Denn viele Menschen sagen: „Ich bin so, weil ich in der Kindheit die und die Erlebnisse hatte, und sogar im Mutterleib wurde mein Leben schon geprägt. Deshalb ist es kein Wunder, dass ich so geworden bin."

Weitere Übungen

Ich möchte noch bemerken, dass du dir bei all diesen Übungen gern bei einem Menschen, der mit der geistigen Welt gut verbunden ist, fachliche Unterstützung holen darfst. Manchmal möchtest du vielleicht deine Erkenntnisse mit jemandem teilen oder brauchst noch Unterstützung in Gestalt einer Energiedusche, die du dir bei diesem Menschen abholst. Generell schaffst du aber in Verbindung mit deinem Goldenen Engel und mit uns alles wunderbar allein. Wir haben den Überblick, du darfst uns vertrauen. Aber hin und wieder brauchst du einen anderen Menschen als Stütze für die weiteren Schritte. Auch das ist geehrt und geliebt. Wenn du mit Homöopathie oder Akupunktur ein bisschen nachhelfen möchtest, ist das auch in Ordnung. Eine Unterstützung im körperlichen Bereich durch Massagen, Ölbäder, sanftes Ayurveda et cetera ist ebenfalls nicht abzulehnen. Aber die Mischung und die Dosierung sind wichtig. Es sollten keine Gewaltkuren angesetzt werden. Diese Hilfsmittel sind nur als begleitend gedacht. Wer ganz im Vertrauen ist, wird uns in reiner Absicht um Hilfe bitten, sich entspannt zurücklehnen und uns arbeiten lassen. Denn auch hier gilt: Alles braucht seine Zeit.

Du bist vielleicht ungeduldig, und denkst: „Jetzt habe ich doch vor zwei Tagen diese Auflösung mit Michael gemacht, und nichts ist passiert. Ich fühle mich immer noch müde. Und das Thema, um das es ging, diese Ängste, sind auch noch da!" Hab Geduld. Auf der energetischen Ebene ist alles gelöst, aber bis der Körper das umsetzt, dauert es eine Weile.

So möchte ich dich nun ermuntern, deine ursächlichen Angst- oder Minderwertigkeitsgefühle sowie bestimmte Grundreaktionen Dingen und Menschen gegenüber zu beleuchten, wenn nötig auch durch Reisen in die Kindheit oder zurück in den Mutterleib. Im nächsten Kapitel wollen wir dies ausführlicher tun.

Barbaras persönliche Erfahrungen

An meine Erlebnisse im Mutterleib erinnerte ich mich vor einigen Jahren, als ich oben in Schleswig-Holstein auf dem Land tief mit mir in Klausur war. Ich war ganz für mich allein und hatte mir vorgenommen, tiefer in einige Verhaltensmuster einzutauchen. Aber ich muss schon sagen, sich so weit zurückzubegeben ist wirklich ein Abenteuer. Das Dasein im Mutterleib empfand ich als sehr eng. Mir war nicht sehr wohl in dieser dunklen Kammer, und ich rutschte auch prompt in ein anderes Leben hinein, wo ich als Initiant in einem Sarg lag. Da hatte ich auch dieses beklemmende Gefühl und bin wohl nicht so gut durch die Einweihung gekommen. Es dauerte eine Weile, bis ich die andere Seite des Lebens als Embryo und Fetus erfuhr, das Geborgensein, die innige Verbindung zu meiner Mutter und auch die Aufregung vor dem neuen Leben. Ich kann so eine Erfahrung nur jedem empfehlen, es erklärt so einiges an Mustern, die wir leben.

13

Deine Geburt

Nachdem du dich erinnert hast, wie es sich anfühlte, im Leib deiner Mutter zu sein, möchte ich dir nun die Gelegenheit geben, deine Geburt noch einmal intensiv zu erleben. Aber lass uns vorher noch ein bisschen mehr in dieses Thema eintauchen. Wir wollen beleuchten, was es für dich und die Mutter bedeutete, so dicht beisammen zu sein. Wir sagten schon, dass es dich sehr prägte, wie deine Eltern, und insbesondere deine Mutter, ihr Leben während der Schwangerschaft selbst erlebt und empfunden haben. Das prägte wiederum dein Sein im Leib deiner Mutter. Die vielen Vorgänge biologischer Natur möchte ich hier nicht beschreiben. Darüber gibt es gute Fachliteratur. Ich möchte den metaphysischen Aspekt noch ein bisschen beleuchten.

Deine Helfer, deine Geistführer, beobachten deinen Werdegang im Leib der Mutter. Manchmal bist du wieder ausgetreten und hast dich im neutralen Bereich ein wenig beraten und dir Zusatzinformationen für dieses Leben geholt. Sogar kleine Schulungen standen auf dem Plan, damit du alles gut vorbereitet beginnen konntest. Es war dir wichtig, alles zu beleuchten und ganz sicher zu sein, dass es gut verlaufen würde. Nichts wolltest du dem Zufall überlassen, weil du nämlich wusstest, dass diese Inkarnation für dich, andere Menschen, den Planeten und das Sonnensystem besonders wichtig sein würde. Das war schon eine aufregende Sache, sehr spannend und minutiös unterstützt von der geistigen Familie und deinen Helfern. Auf der anderen Seite des Schleiers berietest du dich auch mit deiner Mutter oder genauer ausgedrückt, mit dem Anteil von ihr, der während des Schlafes reist. Dein Goldener Engel lenkte und inspirierte dich ebenfalls von seiner Höheren Ebene aus. Was für eine Riesengemeinschaft hat da zusammengearbeitet! Bombastisch, nicht wahr? Und dann denkst du manchmal in depressiven Stimmungen oder Phasen, dass dein Leben nicht so wichtig sei?

Du bist sehr wichtig. Alle Menschen sind sehr wichtig. Aber die, die jetzt erwachen und sich dem Neuen Weg der Erde stellen, sich dazugesellen, einen Dienst übernehmen, welcher es auch sei, haben besonderes Lob verdient. Erinnerst du dich, das Thema Lob hatten wir vorhin schon. Lobe dich dafür, dass du diesen beschwerlichen Weg hier auf der Erde gehst. Wenn du es nicht selbst tust, lobe ich dich jetzt und gib dir einen liebevollen Stups.

Abgesehen davon, dass du *immer* im interdimensionalen Kontakt mit deiner geistigen Familie bist, so war dieser Kontakt während der Empfängnis- und Geburtsphase ganz besonders intensiv. In dieser schwierigen Phase deines Lebens haben sie dich liebevoll geführt. Du bist von all deinen Eindrücken im Mutterleib geprägt. So manches Mal haben deine geistigen Helfer und dein Goldener Engel einiges abgefedert, was mit dem täglichen Leben deiner Familie zusammenhing. Wenn du sensibel etwas aufgenommen hattest, was eigentlich nicht für deine Ohren bestimmt war, wurde es einfach gelöscht. Du hast nur das zu spüren bekommen, was wirklich für deine Entwicklung gut war. Das können negative ebenso wie gute Dinge gewesen sein, gerade so, wie es eben zur Dualität gehört. Damit will ich sagen, dass alles einem bestimmten Plan unterliegt. Der kann zwar mit dem eigenen Willen „bearbeitet" werden, aber letztlich wird das geschehen, was in deinem Plan vorgesehen ist. Der freie Wille ist manchmal als ein Schlenker zu betrachten, ein kleiner Umweg. Aber im Mutterleib wurde dafür gesorgt, dass diese kleinen Schlenker gleich wieder ausgeglichen wurden, damit dein Startkapitel auch wirklich dem entsprach, was du dir ausgesucht hattest. Wenn irgendwelche Schwierigkeiten bei der Geburt auftauchten, so glaube nicht, dass das zufällig geschah. Mitnichten. Alles war so im Plan enthalten.

Den Verlauf deiner Geburt hast du dir ebenfalls ausgesucht. Ein plötzlicher Kaiserschnitt, vielleicht weil die Nabelschnur verwickelt war, ist kein Zufall. Auch eine Frühgeburt ist nicht ungeplant. Ich könnte dies beliebig fortsetzen. Eine

Geburt an einem ungewöhnlichen Ort, vielleicht in einem Taxi, weil die Mutter nicht schnell genug ins Krankenhaus kam, geschieht auch nicht zufällig. Der Taxifahrer hatte ein solches Erlebnis in seinem Plan ebenso gewählt. Viellcicht war sein Herz verschlossen, und die Geburt des kleinen Erdenbürgers konnte es wieder öffnen. Fortan führte er vielleicht ein anderes, bewusstes Leben, wodurch seine Frau wiederum *ihr* Herz öffnen konnte, und so weiter.

Deine Geburt ist auch so verlaufen, wie du es mit deinen Helfern, deiner bewussten oder unbewussten Mutter und deren Helfern so geplant hast. Vielleicht weißt du etwas darüber, wie sie vonstatten ging? Alle Kinder interessiert, wie die eigene Geburt verlief. Aber alle Erzählungen beschreiben ja meist nur das Äußerliche, den medizinischen und emotionalen Ablauf der Geburt. Wie war sie für dich als geistiges Wesen? Wie hast du die Geburt an sich empfunden? War es kalt, als du die Welt begrüßtest? Was hast du empfunden bei dem berüchtigten Klaps auf den Po? Was war das für ein Gefühl, plötzlich nicht mehr im Bauch der Mutter zu sein? Hattest du Angst? Warum hast du eigentlich so laut geschrien, war es wirklich nur wegen der Lungen? Tja, all dies sind spannende Fragen, nicht wahr. Und sie werden immer nur theoretisch und wissenschaftlich erklärt. Wie wäre es, wenn du einmal selbst erlebtest, wie es war, und dir die Fragen selbst beantworten könntest?

Weißt du, eine Geburt ist nichts Neues für dich, du hast sie sicher unzählige Male auf unterschiedliche Art erlebt. Mal bist du ganz sanft und voller Freude auf diese neue Inkarnation auf die Erde gekommen. Mal war es schon im Mutterleib nicht ganz einfach, es gab Komplikationen, und auf der physischen Ebene anzukommen war alles andere als angenehm. Es ist schon verrückt, nicht wahr, dass jeder Mensch diesen Weg beschreitet und keiner sich bewusst daran erinnert. Wie wäre es doch wunderbar, erinnerten sich auch die Mütter daran, wie es im Leib war. Die Geburt des eigenen Kindes könnte dann ganz anders und sehr viel entspannter verlaufen. Denn dann wüssten die Mütter, wie es ist und was zu tun ist, um es sich und dem Kind gut gehen zu lassen. Und wenn das erst einmal alle Hebammen und Ärzte in ihr Bewusstsein holen könnten, so gäbe es sicherlich keine Kreissäle in der Form mehr, wie sie heute noch zum Entbinden benutzt werden.

Wenn du innerlich den starken Wunsch verspürst, mache ich jetzt gern mit dir eine Rückreise in den Bauch deiner Mutter zu dem Zeitpunkt, als du dich dort auf die Geburt vorbereitet hast. Bist du bereit?

Schließe deine Augen und nimm meine Hand, die ich dir reiche. Ich möchte dir gern behilflich sein, sachte in diese innere Reise hineinzugehen. Konzentriere dich jetzt auf dich und fühle, wie sich dein Aufenthaltsort verändert. Du bist jetzt im Bauch deiner Mutter. Finde dich ein bisschen zurecht. Fühle deine Lage, deine Befindlichkeit. Wenn du dich unwohl fühlst oder aufgeregt bist, atme ein paar Mal tief durch und versuche, in dieser Verbindung zu bleiben. Wenn du es nicht aushalten kannst, unterbrich diese

Reise und beginne sie erst dann wieder, wenn du dich bereit dafür fühlst. Es kann dann sein, dass du bei der letzten Geburt nicht sehr angenehme Erfahrungen gesammelt hast. Aber es wäre doch gut, wenn du sie lösen könntest, meinst du nicht? Wir versuchen es später nochmals gemeinsam. – Nun fühle deine Wahrnehmung. Du wirst spüren, dass die Geburt allmählich begonnen hat. Die warme Flüssigkeit in deinem Bassin, das Fruchtwasser, verlässt den Leib deiner Mutter. Dein Zustand verändert sich dadurch. Das könnte auch unangenehm für dich sein, es könnte sogar Angst auftreten. Spüre bitte, dass deine geistigen Helfer liebevoll an deiner Seite sind und dir Mut machen. Du spürst nun, wie dich der Körper deiner Mutter durch rhythmische Bewegungen dazu bringen möchte, ihn zu verlassen. Deine Lage im Bauch der Mutter hat sich schon vor ein paar Tagen verändert. Du bist mit dem Kopf in Richtung Gebärmutterausgang gerückt. Ihr beide, deine Mutter und du, könnt den Geburtsvorgang leichter erleben, wenn ihr entspannt seid und die Liebe, die euch von allen Seiten zukommt, die Führung übernehmen lasst. Da jede Geburt individuell ist, lasse ich dich allein. Es könnte sein, dass es anstrengend wird, dass du sogar jetzt in deinem physischen Körper die Enge, die Atemnot spürst. Aber vielleicht spürst du auch die Liebe, die wie ein Gleitmittel von allen Seiten zu dir strömt. Draußen hält vielleicht ein lieber Mensch die Hand deiner Mutter, um sie zu beruhigen. Egal, wie die äußeren Umstände sind, du bist willkommen auf der Erde. Du bist geliebt und geehrt für dein Kommen! Wahrscheinlich möchtest du jetzt ganz mit dir allein sein.

Weitere Übungen

Ich möchte dir meine Bewunderung dafür aussprechen, dass du so mutig warst, dich dieser Begegnung zu stellen. Ich möchte die Erfahrungen im Mutterleib und bei der Geburt nicht weiter erläutern. Das wäre dann wieder, wie so vieles auf der Erde, wie aus dem Lehrbuch. Du verstehst vielleicht immer mehr, dass alles selbst gemacht ist. Du wirst am besten wissen, welche Erfahrung mit der Zeit ein Muster aufgebaut hat, das dich heute noch begleitet. Du wirst erkennen, wo du loslassen solltest. Vielleicht entspannt diese Rückreise dein Verhältnis zu deiner Mutter, deinem Vater oder anderen Menschen, die in dieser intimen Zeit mit dir waren, dich lenkten und leiteten, sei es unterstützend oder eher kontraproduktiv. Wenn du die Menschen beleuchtest, warum sie in der Zeit deiner Geburt oder später so oder so reagiert haben, und wenn du ihre eigenen Lebensumstände oder Päckchen erkennst, kannst du sicher einen Weg des Friedens mit ihnen einschlagen. Wenn etwas unverständlich war, kommt das Verzeihen vielleicht später. Da kommt dann die Gnade wieder ins Spiel. Vielleicht sind deine Rückreise-Erfahrungen sehr schön und du erfährst, wie sehr du als kleiner Erdenbürger gewollt und geliebt warst. Nur die weiteren Umstände führten dann zu anderen kleinen Dramen, die dein Leben beeinflussten. Wenn du die Mutterliebe, aus welchen Umständen auch immer, nicht lange oder gar nicht bekommen hast, hast du vielleicht die Möglichkeit, durch sensibles

Hineinfühlen zu erkennen, zu verstehen und loszulassen. Ich helfe dir gern dabei. Wir gehen den Weg gemeinsam, wenn du möchtest. Ich darf dir versichern, dass diese Rückreisen dir einiges erklären, was du in deinem Leben nicht verstanden hast. Ich weiß es, weil ich dich sehe. Ich weiß, wer dies liest. Lasse nun deine Ängste und deine Scham los, erfreue dich an dem Menschen, der es dir ermöglicht hat, hier zu sein, mögen die Umstände und der weitere Weg auch manchmal steinig gewesen sein.

Jetzt sagst du vielleicht: „Kryon, ich habe nur Schönes gesehen, meine Zeit im Mutterleib war ziemlich harmonisch und die Geburt war es ebenso. Was hat mich denn dann geprägt?“ Wunderbar, wenn du dies so empfunden hast. Vielleicht hat die Rückreise bewirkt, dass du dein Herz durch die Feststellung, wie wunderbar doch alles vom Schöpfer gefügt ist, noch ein wenig weiter öffnen konntest. Und vielleicht bist du jetzt noch ein bisschen mehr in das allumfassende Feld der Liebe eingetaucht. Dann war es doch auch die Reise wert, oder?

Barbaras persönliche Erfahrungen

Ich bin zu früh auf die Welt gekommen; ich war ein Siebenmonatskind. Meine Eltern waren sehr besorgt. In den Brutkasten musste ich zwar nicht, aber ich war doch noch sehr zart. Ich kann mich erinnern, dass ich als Kind immer viel zu essen bekam. Als kleineres Kind musste ich täglich Lebertran trinken, ab und an sogar Rotwein mit einem Eigelb verquirlt. Das sollte mich stärken, aber es schmeckte furchtbar. Mir wurde immer ein bisschen vermittelt, dass ich kränklich und zart sei, was dazu führte, dass ich vieles heimlich unternahm. Wenn ich gefragt hätte, wäre es mir auf Rücksicht auf meine schwache Konstitution nicht erlaubt worden. Heute ist davon wirklich nichts mehr zu bemerken. Ich habe diese Rückreise auch unternommen, weil ich mich oft fragte, ob mir im Mutterleib etwas gefehlt hat. Nein, es war eine schöne Erfahrung, und es fehlte mir nichts. Ich hatte lediglich mein Wunsch, eher geboren zu werden. Das war in meinem Erdenspielplan so enthalten.

14

Phantomkrankheitsbilder und andere Veränderungen

Der Weg, den der erwachte Mensch heute beschreitet, ist nicht mit dem Weg eines Adepten in den Zeiten vor der Harmonischen Konvergenz 1987 zu vergleichen. Sicherlich ist dieser Pfad zur Vollendung des Menschen immer noch mit Initiationen, Einweihungen, Schritten in der tiefen Stille und Selbstentdeckung verbunden. Dazu gehört auch das Erkennen, dass alles, was es gibt, Gott ist, sei es auf diesem Planeten, in diesem Sonnensystem, in unserem Universum oder in den unzähligen anderen Universen. Alles ist aus der Quelle geboren, entstanden durch den Gedanken Gottes. Dies vermittle ich dir noch einmal, damit du dir dessen bewusst wirst. Vielleicht bist du jemand, der schon seit Jahren viele Bücher über andere Religionen und ihre geheimen Pfade oder über neuzeitliche Spiritualität gelesen hat. Du bist vielleicht auch ein sehr religiöser Mensch, nicht unbedingt ein Christ, Buddhist oder Moslem im herkömmlichen Sinne. Du hast möglicherweise an einigen Pfaden geschnuppert und das herausgepickt, was dir für dich am besten erschien. Du praktizierst es in deinem stillen Kämmerlein und versuchst, es im täglichen Leben umzusetzen. Du hast dir deine eigene Maxime gesetzt. Eines hast du sicherlich erkannt, egal ob du nun zu den Anhängern des New Age gehörst, das sich von Amerika nach Europa ausbreitet, oder ob du das Leben von der anthroposophischen Seite oder mit den Augen des jüdischen Glaubens betrachtest: Der Weg geht über das eigene Sein, über das Innere. Gott ist nicht im Außen zu finden, sondern in dir selbst. Damit meine ich, dass Gott keine Gestalt im Außen ist, die angebetet werden möchte und dein Leben bestimmt. Du hast sicherlich schon erkannt, dass in dir etwas Wunderbares schlummert, das du nur entdecken musst. Wir sprachen bereits über den Goldenen Engel und über die Möglichkeit, dich noch weiter in das göttliche Feld einzuweben. Wir sprachen davon, „sich in die Einheit zu begeben und Eins mit allem zu sein. Zu erkennen und zu spüren, dass der Gott allen Seins in dir wohnt und dass du er bist."

Der Weg dorthin war für die Menschen anderer Zeitspannen, in denen du sicher auch warst, meist sehr mühsam, oft sogar unerreichbar, und sicherlich auch nicht in einem Leben zu bewältigen. Es dauerte oft ein ganzes oder sogar mehrere Leben lang, bis sich der Schüler von verschiedenen irdischen Meistern in die Geheimnisse des Universums einweisen lassen konnte. Und dies war mit vielen Prüfungen und Einweihungen verbunden. Die Veränderung des Menschen geschah in allen Bereichen seines Seins. Das bezieht sich auf die körperliche, die mentale und die spirituelle Ebene. Der Mensch geht, wenn er auf dem Weg in die Meisterschaft ist, durch viele Tore, durch viele Initiationen. Nur in der heutigen Zeit macht er dies nicht in einem Tempel, sondern im täglichen Leben. Die Veränderungen geschehen für Suchende weiterhin. Doch jetzt, und das ist wichtig zu verstehen, geschehen sie anders, sind nicht mehr so schwer und langwierig. Die Neue Energie ist wahrlich so etwas wie eine Goldene Welle, die die Menschen quasi mitnimmt und weiterschwemmt zu ihren nächsten Schritten. Wir haben das schon vielfach beschrieben. Nur die körperlichen, mentalen und spirituellen Veränderungen sind so wie eh und je. Das möchte ich näher erklären:

Wenn du schon in die alten Mysterienlehren vorgedrungen bist, die geheimen Pfade jeder Religion, dann weißt du vielleicht, dass es drei Haupteinweihungen gibt, auf die sich alles reduziert. Die anderen Zwischenprüfungen, Einweihungen und Initiationen sind je nach Religion unterschiedlich und bewegen sich alle in körperlichen und geistigen Bereichen. Aber in den drei Haupteinweihungen ist die Weisheit aller Religionen enthalten, darauf reduziert sich letztlich alles. Diese drei Einweihungen bewirken eine Umarbeitung deines physischen Körpers und deiner anderen Körper. Sie erfolgt jeweils deinen geistigen Entwicklungsschritten angemessen. Diese Körper, die wir ja schon besprachen, werden bis in die Zellen und deren Bestandteile hinein transformiert.

Ein jedes Fitzelchen deines Sein weiß: „Es geht nach Hause, wir werden dafür von Altem befreit, wir werden umgearbeitet. Wir werden auferstehen." Ja, so ist es.

Früher wurden die Menschen zuerst durch die körperliche Umarbeitung geleitet. Ich spreche hier von den drei Haupt-Umarbeitungen, alle anderen sind individuell und in den Pfaden der Religionen verschieden. Das war oft sehr schmerzhaft. Wenn du jemanden kennst, der vor 1987 durch diese Wandlung ging, oder vielleicht von jemandem davon gehört oder gelesen hast, darf ich dir versichern, das es außerordentlich mühsam war. Einige hatten wochen- gar monatelang starke, brennende Schmerzen, Hitzewallungen und Ähnliches. So hat sich die Umarbeitung bemerkbar gemacht. Ich darf dir versichern, dass du bereits durch Ansätze dieser Umarbeitung hindurchgegangen bist. Sie geht nun in Etappen immer weiter. Du bist von vielen Spezialisten umgeben, die die Umarbeitung so gestalten, dass sie erträglich für dich ist. Warum ich dies erzähle? Damit du erkennst und vorbereitet bist, wenn dich stärkere Schmerzen befallen und du nicht weißt, was das gerade bedeuten soll. Vielleicht denkst du: „Was ist denn das für eine Krankheit, die kenne ich ja gar nicht?" Es ist keine Krankheit, es sind Umarbeitungsschmerzen. Du bist also mittendrin, bist gut im Rennen. Was ist zu tun? Ruhe bewahren! Zieh dich zurück und lass geschehen, was geschehen muss. Diese Einweihung geht in Etappen und ist nicht mehr so intensiv, wie es bei den Initianten früher war. Die Schmerzen können am Kopf sein, in den Ohren, im

Nacken, am Dritten Auge. Schmerzen wie bei einer Grippe sind ein bekanntes Symptom dieser Umarbeitungen. Übelkeit und Schwindelgefühle gehören auch dazu. Es ist auch möglich, das du dich an einem Tag ganz schrecklich fühlst, wie durchgemangelt, und am nächsten Tag ist es vorbei. Ja, so kann es sein. Wenn es einmal zu doll wird und du es fast nicht mehr aushalten kannst, darfst du gern bei den Helfern um Linderung bitten. Aber bedenke, es kommt wieder, es muss sein. Wie das Umarbeiten im Einzelnen funktioniert? Damit könnte ich ein Buch füllen, weil auch das individuell ist. Ordne also bestimmte Phantomsymptome und -schmerzen nicht nach althergebrachten Erklärungen ein, sondern gehe so entspannt wie möglich durch diese Phasen. Wann es vorbei ist? Oh, das dauert noch an. Du mutierst zu einem multidimensionalen Lichtwesen. Das ist ein Prozess, den ich nicht im Einzelnen beschreiben möchte. Sicher ist nur, dass es immer weitergeht und keinen Stillstand gibt. Was dich heute noch bewegt, wo es heute noch drückt und schmerzt, das kann sich morgen schon wieder normal anfühlen und dann oft auch erledigt sein. Du hast sicher von der Zwölf-Strang-DNS gehört, die in jedem Menschen ist und dein Erbgut wie auch deine interdimensionalen Anteile und Attribute enthält. An dieser wird gearbeitet. Ich weiß, dass einige Leser gern mehr über die DNS wissen möchten. Es gibt seit einiger Zeit ein paar gute Bücher über dieses Thema, die wissenschaftlich, aber auch spirituell zu erklären versuchen, wie diese Stränge aufgebaut sind. Ich bin aber sicher, dass es für deine Entwicklung nicht notwendig ist, dieses fachliche Wissen intensiv zu studieren. Wenn es dich dennoch interessiert, halte Ausschau nach dem richtigen Buch. Dein Höheres Selbst wird dich hinführen. Ich hätte es lieber, du verwendetest deine freie Zeit für Dinge, die mit Leichtigkeit, Frohsinn und Spaziergängen in der Natur zu tun haben und den Weg in die Stille beinhalten, oder du machtest geistige Reisen, statt zu lesen, denn die Umarbeitung deiner Körper ist anstrengend genug. Und glaube mir, deine vielen Helfer wissen, was zu tun ist. Du arbeitest simultan an deinen Mustern, die sich dir immer öfter klar zeigen. Und du hast ausreichend damit zu tun, sie zu klären. Du und deine Helfer, ihr seid ein Team. Jeder sollte das tun, was er gut versteht und was effektiv ist. Mit dem irdischen Bewusstsein, das dich noch oft leitet, ist es schwer möglich, voll und ganz zu verstehen, wie die DNS Stränge aufgebaut sind und funktionieren ...

Außerdem wisse, dass das Wissen über diese zwölf Stränge der DNS schon immer in dir gespeichert war, es ist ja in dir. Stelle deine Fragen dazu und gehe in die Stille und lausche, was dir dein Goldener Engel vermittelt. So kannst du erfahren, was du wissen möchtest, und dein Höheres Selbst wird dir das Wissen in kleinen Portionen durch Worte oder Gefühle vermitteln, die du gut verdauen kannst.

Früher erfolgten die drei Einweihungen nacheinander. Heute bist du ständig in irgendwelchen Umarbeitungen begriffen, auch im mentalen Bereich. Das ist die zweite Einweihung, die Umarbeitung deiner mentalen Körper. In ihnen sind deine alten Prägungen enthalten, die dein Leben formen. In den alten mystischen Schriften ist vermerkt, dass es eigentlich neun Körper des Menschen gibt. Ich sage dir: Es gibt zwölf. In einem vorherigen Kapitel beschrieb ich das Vierkörpersystem. Die drei Einweihungen, die ich jetzt beschreibe, beziehen sich letztlich auf diese zwölf Körper, die dich ausmachen. Aber die höheren Körper brauchen nicht transformiert zu werden. Sie sind licht und klar. Es sind die, in die du dich hineinarbeiten möchtest, die Körper, die dein Gottselbst tragen.

Nun stell dir vor, dass du zurzeit diese drei Einweihungen gleichzeitig erfährst. Du transformierst die körperliche, mentale und spirituelle Ebene, um dich ganz mit deinem Goldenen Engel zu verbinden. Damit verbunden ist auch die Auferstehung, wie man es früher nannte. Du verbindest dich ganz mit allen Körpern und gehst in die Unsterblichkeit ein. Verstehe bitte, dass du zurzeit von einem Leben in das nächste gleitest, ohne deinen Körper zu verlassen. Du erlebst all deine Aufgaben und Pläne in ein und demselben Körper, der sich immer weiter transformiert. Dafür musst du nicht mehr die Erde verlassen. Das ist alles sehr komplex, nicht wahr?

Die mentale Einweihung war das, was die Menschen als „die Dunkle Nacht der Seele" bezeichneten. Diese Phase konnte Tage oder Monate andauern. Alle Schattenseiten des Menschen, die noch nicht ausgeglichen waren, kamen ans Licht, um transformiert zu werden. Das hat sich bis heute nicht verändert. Die Tatsache an sich bleibt bestehen, nur bist du heute ständig in diesem Prozess. Heute hast du vielleicht ein Problem, das dich sehr bewegt, und du fragst dich: „Wie kann ich diese Sache lösen? Wie komme ich aus diesen Angstgefühlen bloß wieder heraus?“ Du bist nicht allein in diesen dunklen Stunden deiner Seele. Wir nehmen dir den Prozess zwar nicht ab, das ist auch nicht unsere Aufgabe, aber wir helfen dir. Wir stehen an deiner Seite, so nah wie nie zuvor, auch wenn du manchmal das Gefühl hast, niemand sei da, alles sei dunkel. Wir sind nicht fort gegangen. Wir sind immer da. Nur wir haben uns vielleicht ein bisschen zurückgezogen, damit du in Ruhe deinen Prozess durchlaufen kannst. Wir geben Hilfestellungen in Form von Eingebungen. Aber durchlaufen musst du diese Entwicklungsphase natürlich selbst. So ist es in der heutigen Zeit. Man könnte sagen, es ist die Auferstehung des Menschen im Eiltempo.

Verstehst du jetzt deine Stimmungsschwankungen? Das hat nichts mit Hormonstörungen zu tun. Du bist im Umwandlungsprozess, in der Transformation. Diesen Weg haben die früheren geistig aufstrebenden Menschen sehr viel langwieriger und mühsamer durchlaufen. Vielleicht kennst du dies alles, kannst dich nur nicht mehr daran erinnern. Ich bin sicher, dass die meisten Leserinnen und Leser als Vorbereitungen auf den Pfad der Meisterschaft mehrere Leben mit ähnlichen Wegen gelebt haben.

Hast du Lust, mit mir eine kleine Reise in ein Leben zu machen, in dem du Priester warst, vielleicht in Ägypten, Tibet, Jerusalem oder Atlantis?

Schließe deine Augen und spüre meine Hand. Wir wollen in eine dir unbekannte Ära reisen, in der du wirktest. Du warst Priester, weiblich oder männlich. Du hast zurückgezogen in einem Tempel oder einer ähnlichen Anlage gelebt, warst tief in die göttlichen Mysterien verwoben. Zeitweilig warst du mit Menschen zusammen und hast sie gelehrt, was zuvor dich gelehrt worden war. Oft weiltest du ganz allein und praktiziertest deine esoterischen Übungen, die mit deinem Inneren Sein zu tun hatten. Jetzt bist du wieder an jenem Ort. Versuche zu erkennen, wo du dich befindest. Ich helfe dir. Gehe nun ganz ins Gefühl, schaue und betaste, wo du bist. Vielleicht in einem hellen lichten Raum des Betens und Zelebrierens oder in einem Raum des Lehrens. Vielleicht bist du in deinem persönlichen Gemach. Fühle an dir herunter und sieh nach, was du trägst. Wer bist du dort? Nimm wahr, was deine Aufgaben sind. Das erfährst du, wenn du dich ganz mit dir selbst dort verbindest. Sei also ganz du und erfahre, wer du bist und was deine Aufgabe ist. Spüre, wie du dich generell dort fühlst. Ist es angenehm, in diesem Tempel zu leben, der Gott geweiht ist? Bist du gern dort und von deiner Arbeit überzeugt? Oder hast du erkannt, dass diese Stätte nicht rein ist und nicht der Ehre Gottes dient, sondern auf eigennützige, persönliche Pfade hin ausgelegt ist? Es könnte sein, dass dich in deinem jetzigen Leben einige Prägungen aus dieser Zeit lenken. Wenn du dort unangenehme Erfahrungen gemacht hast, aber nicht mehr heraus kamst oder sogar den Tod gefunden hast, erklärt dies vielleicht deine Angst vor intensiverer spiritueller Arbeit. Du fühlst Respekt oder Angst, weil du diese Prä-

gungen in dir trägst. Du möchtest vielleicht nie wieder mit den Pfaden der geistigen Lehren in Berührung kommen, weil du negative Erfahrungen gesammelt hast. Es könnte auch sein, dass du jetzt erkennst: „Ja, da habe ich mich sehr wohl gefühlt. Ich bin schon durch einige Einweihungen gegangen, die ich jetzt weiter beschreiten möchte. Ich sehe, dass ich schon lange auf dem geistigen Weg bin." Vielleicht konnte eine wichtige Einweihung auch nicht erfolgreich abgeschlossen werden, weil du dazu noch nicht bereit warst. Jetzt nimmst du den Weg wieder auf. Nur eben nicht in einem Tempel, nicht abgeschlossen, sondern mitten im Leben mit anderen, in Turboschritten und mit großer Hilfe von der geistigen Welt. Verweile ruhig noch in diese Szene.

Weitere Übungen

Diese Begegnung war eine der vielen Stationen deiner geistigen Entwicklung. Wenn du dies hier liest, ist dir im Hinblick auf deine geistige Reifung schon viel auf diesem Planeten widerfahren. Oder soll ich vom Wiedererkennen sprechen? Vielleicht gibt es in diesem Leben etwas, das dir ganz besonders am Herzen liegt und das du gern auch hier umsetzen möchtest. Das kann das Arbeiten mit Kristallen sein, vielleicht ist es das Singen und Tönen, das dich fasziniert und wovon du weißt, dass es viel im Menschen bewirken kann. Vielleicht hast dort mit Kindern gearbeitet, und es ist hier das

Schönste für dich, mit ihnen zusammen zu sein. Du weißt, dass seit Jahren viele lichte Kinder geboren werden, die in ihrer DNS-Ausrichtung schon erweitert sind. Vielleicht hast du den Mut, auch ohne eine gezielte Ausbildung mit ihnen zu arbeiten und dein Wissen anzuwenden? Da, wo deine reine Absicht ist, wird sich eine Gruppe finden. Wir helfen gern dabei. Warum sollten deine (alten) Qualitäten in der heutigen Zeit keine Verwendung finden? Jedes Potenzial wird in dieser wichtigen Zeit gebraucht.

Vielleicht bestand deine große Kunst darin, dich mit Farben und Formen zu beschäftigen und es andere zu lehren. Warum tust du es heute nicht auch? Du hast möglicherweise mit sehr hohen Energien gearbeitet, die durch große pyramidenartige Transformatoren von außen auf den Planeten kamen. Du wusstest, wie damit umzugehen war. Vielleicht möchtest du dieses Wissen jetzt freisetzen? Es ist an der Zeit, worauf wartest du? Die geheimen Raumkommandos warten auf deine Unterstützung, denn es gibt einige Dinge, die zwar von anderer Warte aus eingefädelt werden können, bei denen aber oft menschliche Hilfe vonnöten ist.

Wenn du mit dir selbst schon ein bisschen experimentiert hast und weißt, wie man Energien verändern und dazu benutzen kann, sich selbst zu verfeinern, dann kannst du einmal versuchen, dieses Selbst, das du dort und damals warst, in deinem hiesigen und jetzigen Dienst mit einzusetzen. Springe aus dem Priesterleben in dieses Leben und zurück. Nimm die Kraft und das Wissen von dort mit hierher.

Das braucht ein bisschen Übung. Aber wenn du gut geerdet bist, wird das für deine Entwicklung und die der anderen äußerst effektiv sein. Du bist letztlich in all deinen Leben gleichzeitig. Ich sehe dich so, ich agiere aus der Jetzt-Zeit. Geehrt ist der Mensch, der so seine multidimensionale Identität erkennt und zum Wohle aller lebt!

Barbaras persönliche Erfahrungen

Kryon hat mir im Laufe der Jahre sehr dabei geholfen, zu erkennen, wer ich bin. Ich sah auch, welche Persönlichkeitsselbste jetzt woanders wirken. Ich habe endlose Situationen, die mich alle sehr interessierten, im Schnelldurchlauf sehen dürfen. Auf meine Frage, ob ich die alle in Ruhe anschauen solle, sagte er mir: „Das ist nicht wichtig, sei dir nur aller dieser Leben bewusst. Wisse, dass sie da sind, und schaue, was alles in dir steckt. Horche in dich hinein und hole gezielt, passend für jede Situation, das Wissen nach oben und setze es sein. Du kannst dir gern etwas näher anschauen. Nur wäre es sehr mühsam, alle Leben zu beleuchten. Sei dir bewusst, dass du jederzeit Zugang zu ihnen hast. Du musst es nur wollen."

Neugierig, wie ich bin, habe ich natürlich doch einige Leben beziehungsweise Teile daraus angeschaut, die mit altem Wissen, Einweihungen und ähnlichen Dingen zu tun hatten. Es war schon spannend zu sehen, wie ich ganz leicht mit Kristallen Wissen programmieren konnte, wie Töne und Schwingungen Türen öffnen können und so weiter. Aber irgendwann war ich dann wissensmüde. Ich habe jetzt verstanden, dass ich das, was ich wissen soll, abrufen kann. Es wird da sein, wenn ich es brauche. Ich kann jederzeit in dieses Selbst, das ich in einem „anderen Leben" bin, hineinsteigen und ich kann dort *ich* sein. Es sind Fäden meines Seins, die sich wie die Fäden im Spinnenetz im Zentrum, in diesem Falle bei meinem Goldenen Engel, wieder treffen. Der wird mich so führen, dass ich verbunden mit allen wieder zu einem Ganzen werde. Ein Priesterdasein in Atlantis hat mich besonders fasziniert: Ich habe dort in unterirdischen Gewölben, in einem inneren Tempel mit großen blauen Kristallen, gearbeitet. Sie waren Verbindungsaggregate zu anderen Planeten und Außenstellen. Das war meine liebste Arbeit. Da wurde ein Grundstein für meinen jetzigen Dienst gelegt, schätze ich mal.

15

Vertrauen zum göttlichen Weg entwickeln

Ich habe dir bisher aufgezeigt, wer du bist, wie du auf die Erde kamst, was dich prägte und wie du nun weiterkommst, um das zu leben, was du wirklich bist. Viele von euch Menschen, die jetzt erwachen, tun sich sehr schwer, diesen Weg allein zu beschreiten. Das liegt daran, dass sie sich selbst nicht vertrauen. Sie sind nicht mit sich selbst im Reinen. Sie glauben nicht, dass sie Gott auf Außenmission sind. Sie haben Angst davor, dies zu erkennen und zu leben oder den Weg dahin zu beschreiten. Ihnen fehlt das Vertrauen zu sich selbst. Ich möchte dir helfen, dich noch mehr zu erkennen, damit du dir selbst vertraust. Es ist gut, dass du mir und deinen geistigen Helfern vertraust, aber du bist dein eigener Meister und musst dir selber vertrauen. Es geht nun darum, zu verstehen, dass du aus verschiedenen Selbsten bestehst, die eine Umarbeitung erfahren. Die Psychologen würden von unterschiedlichen Bewusstseinsebenen und von Archetypen sprechen. Ich möchte ganz praktisch bei deinem körperlichen Bewusstsein beginnen, denn ich glaube, je mehr du weißt, was in und mit deinem Körper geschieht, desto leichter hast du es, mit diesem Teil deines Seins zusammenzuwachsen. Es ist mir wichtig, dir zu vermitteln, dass du keinen deiner Anteile ablegen, loslassen oder nicht beachten sollst. Alles gehört zu dir, auch der körperliche Teil ist wichtig. Er trägt dich auf der Erde, er hält deine Seele, die für die Erfahrungen, die du plantest, hier sein möchte. Sieh dich als Ganzes und deinen Körper nicht nur als notwendiges Übel. Viele Erwachende tun dies leider und gehen davon aus, dass er nicht so wichtig ist, weil er ohnehin wieder ablegt wird. Wenn du ähnlich denkst, dann vergiss diese Einstellung bitte sofort. Ohne die Anerkennung und die Liebe zu deinem physischen Körper geht dein Weg in die Transformation nicht oder nur sehr viel schwerer weiter. Deinen Körper hast du in den vergangen Kapiteln schon öfter gut gefühlt. Jetzt wollen wir zu deinem Körperbewusstsein und später zu deinem Persönlichkeitsselbst Kontakt aufnehmen. Wir wollen gemeinsam mit ihnen deine Blockaden besprechen und ihre Wünsche und Hinweise erhalten. Sie werden dir helfen, dich besser zu verstehen und in dieser ereignisreichen Zeit zurechtzukommen.

Hast du Lust auf einen Besuch bei deinem Körperbewusstsein?

Als Plattform benutzen wir wieder die geistige Bühne. Stelle dir vor deinem inneren Auge eine Bühne vor. Du imaginierst diese Bühne für deine eigenen Analysen, ganz wie ein hauseige-

ner göttlicher Therapeut, der Zugang zu allen Ebenen des Seins hat. Du tust dies hier ganz entspannt, ganz einfach und völlig von deinem göttlichen Selbst und mir geführt. Es kann dir nichts geschehen. Du bist an einem sicheren Ort. Du stellst dir die Bühne deines Lebens vor deinem inneren Auge vor. Du bist der besondere Gast, aber auch der Regisseur, der in der ersten Reihe sitzt. Du bittest nun dein Körperbewusstsein auf die Bühne. Wenn es dir besser erscheint, auch auf der Bühne zu sein, dann begib dich gern nach oben. Du kannst das Geschehen ganz aus der Nähe betrachten und dabei selbst der Akteur sein. Dein Körperbewusstsein wird als Gestalt auf die Bühne kommen. Vielleicht ist es ein großer, drahtiger Bursche mit wallendem Haar, der dir sehr kraftvoll erscheint. Vielleicht kommt ein kleines Hutzelmännchen auf die Bühne, das dir nicht sehr stark und gesund vorkommt. Es kann auch eine wunderhübsche, zarte weibliche Gestallt sein oder eine ältliche Frau mit Runzeln und einigen Wehwehchen. Schau dir dein Körperbewusstsein genau an. Vielleicht musst du sogar lachen, weil du sehr erstaunt bist, wie sich dir dein Körperbewusstsein zeigt. Nimm dir Zeit, alles genau anzuschauen. Durch das äußere Erscheinungsbild ahnst du sicher schon, was dir dein Körperbewusstsein vermitteln will. Es könnte dir sagen wollen: „Schau mich nur genau an, so fühle ich mich gerade. Nicht so kräftig, nicht wahr? Du hast in letzter Zeit nicht besonders gut auf mich gehört und warst immer mit anderen Dingen beschäftigt. Keine Zeit für gutes Essen, keine Lust auf Spaziergänge in der Natur. Das Zwacken in deiner Wirbelsäule bemerkst du zwar schon *seit Wochen, aber du ignoriert es einfach. Das wirkt sich nun so auf uns aus. Schau mich an, so geht es dir!" Oder es ist eine kräftige Gestalt und strotzt nur so vor Energie, sodass es dir schon durch sein Aussehen vermittelt: „Wunderbar, dass du auf mich gehört und unseren Urlaub anderes geplant hast. Du nahmst dir Zeit für uns. Wir haben uns prächtig erholt und entspannt. Ich danke dir!" Jetzt magst du vielleicht noch Näheres über deinen körperlichen Zustand erfahren und wissen, was dein Körperbewusstsein dir sonst noch vermitteln will. Frage doch: „Welche Botschaft hast du noch für mich? Was kann ich für eine bessere Gesundheit und unser effektives Zusammenwirken tun?" Die Antwort kommt als Gefühl oder als Gedankenstrom zu dir. Es wird interessant sein, was du zu hören bekommst. Einiges erahnst du sicher schon, weil du eigentlich immer mit deinem Körperbewusstsein in Kontakt bist. Du willst seine Stimme oft nur nicht hören. Du negierst es, weil dein Verstand gerade anderes vorhat und keine Pause einlegen oder eine Massage für den Rücken annehmen möchte. Dieses Treffen kannst du mit Fragen spicken. Du wirst staunen, was alles dabei herauskommt. Dein Körperbewusstsein ist ein eigenständiges Wesen, das genau wie du von alten Prägungen beeinflusst ist. Aber bei genauem Hinlauschen wirst du spüren, dass es ebenso den Weg in die Einheit kennt. Auch dein Körperbewusstsein ist schon auf die neuen Paradigmen ausgerichtet. Auf der Zellebene weiß es ganz genau, wie ein göttliches Leben sein kann.*

Eigentlich brauchst du nur gemeinsam mit diesem Bewusstsein dein weiteres Leben in die Hand zu nehmen. Ihr werdet viele Blockaden und Knoten lösen können. Dein Körperbewusstsein ist dann immer mehr von deinem Goldenen Engel inspiriert. Die innere Bühne ist eine gute Möglichkeit, dein ganzes Selbst auf einfache und praktische Art zu erforschen, allerdings nicht auf einer wissenschaftlichen Basis. Du bist der Pionier, der offenen Herzens das eigene Sein auf der inneren Ebene praktisch erforscht. Du bist wahrlich ein Pionier. Dies ist nicht als einmalige Übung gedacht. Sie sollte oft erfolgen; das kann durchaus täglich sein. Eine morgendliche Visite ist eine gute Möglichkeit, die körperliche Befindlichkeit zu erkunden und dementsprechend zu agieren. Vielleicht magst du ein Tagebuch dafür anlegen, in dem du in Stichworten alles notierst, was dir wichtig erscheint. Es ist sehr aufschlussreich, diese Entwicklung zu verfolgen. Und wenn du dann noch kraft deiner Gedanken deinen Körper geistig beim Gesunden und Umformen begleitest, hast du einen göttlichen Prozess eingeleitet. Wir nennen es den göttlichen Weg.

Dein Körperbewusstsein arbeitet eigenständig, ist aber mit deinem Persönlichkeitsselbst eng verbunden. Genetisch ist es von alten Erfahrungen und von deinen Vorfahren geprägt. In deinen Genen können Krankheiten angelegt sein. Sie sind vielleicht verborgen und treten nur in bestimmten Situationen auf. Denn wenn du bestimmte Erfahrungen bearbeitet hast, muss es nicht zu einem Ausbruch der genetisch angelegten Krankheit kommen. Das ganz Besondere an dieser neuen Zeit ist, dass durch das Bearbeiten der DNS-Stränge, das die geistigen Chirurgen an allen Erwachten vornehmen, sowie durch deine Veränderungen der alten Prägungen und Muster eine Heilung der Erbmasse erfolgen kann. Ist das nicht sensationell? Das bedeutet, dass die Bluterkrankheit von Opa Helmut und die Herzschwäche von Oma Frieda ebenso wie die Krebsveranlagung von deiner Mutter sich nicht mehr auf dich übertragen müssen. Diese Krankheiten müssen nicht in Erscheinung treten. Sie können ausgeglichen und gelöscht werden. Die entsprechenden Erbanlagen werden mit einer interdimensionalen Schicht vernetzt und dadurch neutralisiert. Diese Information ist mir sehr wichtig, weil viele Menschen das nicht glauben wollen. Gehörst du auch dazu? Oder kannst du dir vorstellen, dass alles geklärt werden kann, wenn du dazu bereit bist? Hast du das Vertrauen, oder bist du noch zu sehr in deine alten Erfahrungen verwoben, als dass du dies für möglich halten könntest?

Lehne dich einen Moment zurück. Bist du jetzt bereit, deinen Zellen zu sagen, dass sie alle Erbinformationen für Krankheit, Tod und Verderben loslassen können? Magst du ihnen jetzt sagen: „Hört, hier spricht der Boss, wir wollen alle Krankheitsinformationen aus unseren DNS-Strängen entlassen. Alles, was der Interdimensionalität nicht angemessen ist, entlassen wir. Wir sind ein Teil Gottes und wollen uns jetzt wieder in die allumfassende Liebe einklinken. Wir brauchen keine Krankheiten mehr! Zellen, vernetzt euch, gebt die Informationen weiter. Vernetzt euch mit der Urzelle, mit dem göttlichen reinen Bauplan, aus dem wir alle kommen!" Deine

Zellen werden erfreut sein und sagen: „Wunderbar. Endlich hat es der Boss verstanden. Wir haben es schon läuten hören, dass so etwas Wunderbares nun geschehen darf. Wir richten uns nun, wie der Boss gesagt hat, an der göttlichen Matrix aus und wollen die Informationen der Urzelle wiederaufnehmen und alles andere entlassen."

Wenn du wissenschaftlich interessiert bist, dann lies dies und Weiteres in Büchern über Quantenphysik nach. Dort wirst du vieles natürlich anders und sehr wissenschaftlich, vermutlich auch ziemlich trocken beschrieben finden. Doch sind dort diese Erkenntnisse immer mit einem Fragezeichen versehen, denn ohne Versuche, die einen Beweis ergeben, wird keine wissenschaftliche Untersuchung anerkannt. Als *praktischer* Quantenphysiker weißt du es besser! Du brauchst keine wissenschaftlichen Beweise, du erfährst sie sozusagen am eigenen Objekt. Wenn du so kontinuierlich mit dir arbeitest, verändert sich dein Körper, das verspreche ich dir. Hier ist wieder Teamarbeit gefragt. Ihr seid ein Team: dein Körperbewusstsein, dein Persönlichkeitsselbst, deine geistigen Helfer, die himmlischen Chirurgen und dein Höheres Selbst. Das Ergebnis gibt's sogar unentgeltlich. Es kostet keinen Cent, nur deine Zeit und dein Vertrauen!

Ich sprach vorhin über dein Persönlichkeitsselbst, das eng mit den körperlichen Aktionen verbunden ist, die du hier durchlebst. Ich erklärte, wie es entsteht und woraus es besteht. Es ist, je länger du hier in diesem Leben weilst, desto praller gefüllt mit Informationen und Prägungen, die, wenn sie nicht interdimensionstauglich sind, Stück für Stück von dir abgebaut werden. Was sagt denn nun eigentlich dein Persönlichkeitsselbst zu dieser Entwicklung? Hat es vielleicht Angst, beiseitegeschoben zu werden? Trumpft es noch stärker auf, damit es nicht übersehen wird? Was denkt es über das Höhere Selbst? Betrachtet dein Persönlichkeitsselbst das Höhere Selbst als Feind? Hast du dich einmal mit ihm unterhalten, es befragt? Das wollen wir gleich tun. Doch vorher noch ein paar Details aus irdischer, menschlicher Sicht.

Dein Persönlichkeitsselbst hat dir in vielen Zeiten sehr gut gedient. In vielen alten mystischen Zweigen der Religionen gilt es als das höchste Gut, das Ego, das Persönlichkeitsselbst, zu schwächen, zu reduzieren und zu eliminieren. Dieser Weg ist generell verständlich und angemessen. Wir sprechen allerdings lieber von einer Verschmelzung des Persönlichkeitsselbst mit dem Höheren Selbst statt von seiner Eliminierung. Denn die Zeit für einen langen Abbau des Ego ist nicht mehr gegeben. Eine Verschmelzung mit dem Goldenen Engel ist das Ziel, das wir hier beschreiben. Fürchte dich also nicht, dass du alles auf- und abgeben sollst, was deinem Ego gefällt. Stell dir vor, dass ein Teil dieses Egos dir auch weiterhin gute Dienste leisten kann. Dies ist zum Beispiel der Fall, wenn du einen Dienst angetreten hast, der es notwendig macht, viel im Außen dafür vorzubereiten oder auch mit vielen Menschen zusammen zu sein. Dann können dir die Prägungen deines Ego, die es noch lieben, im Äußeren zu glänzen und Aufmerksamkeit zu erregen, weil dein Selbstwertgefühl noch nicht stabil ist, sehr wohl dienlich sein. Du würdest sonst vielleicht auf dem Sofa sitzen und lächeln, als wärst du schon erleuchtet. Das fändest du dann viel schöner, als in der äußeren Welt ein Seminar zu geben. Das mag sehr profan erscheinen. Du lachst jetzt vielleicht? Aber ich habe doch nicht unrecht, oder? Das Ego ist oft noch sehr hilfreich für die Schritte, die du auf deinem weiteren Weg gehen möchtest und der dann irgendwann die Integration deines Ego in das Höhere Selbst beinhaltet. Aber diese Integration erfolgt jetzt auf eine sanftere Art. Die Schulungen in den Tempeln waren sehr viel drastischer. Wir haben jedoch nicht mehr viel Zeit für langwierige Prozesse und gehen den Schritt gemeinsam in irdischen Gefilden, nicht abgeschieden von der Welt. Du gehst deinen Weg der Erleuchtung – der übrigens ein immerwährender Prozess ist – hier im täglichen Leben, und da ist das Ego, wenn es gut eingesetzt wird, ein hervorragender Diener für irdische Belange. Wenn du dein Ego gezielt beobachtest und einsetzt, erkennst du immer mehr, was dich vorantreibt, was du nicht mehr möchtest und wie du es lenken kannst. Du bist der Meister deiner Entwicklung. Wir sind die Helfer und möchten dich einfach nur auf diesem Pfad halten. Dein Persönlichkeitsselbst sieht am Rande des Pfades schillernde Illusionen, die es gern näher sehen, anfassen oder leben möchte. Wir sorgen dafür, dass es nur kurz schnuppert, und schubsen dich dann zart weiter, damit du den göttlichen Weg weitergehst.

Dein Persönlichkeitsselbst ist der Anteil von dir, der gern in den Vordergrund tritt, wenn es darum geht, mit anderen zusammen zu sein. Es wird dich gern drangsalieren, wenn du in einer Gruppe im hinteren Bereich stehst und dein Selbstbewusstsein noch schwach ist, dies gut zu ertragen. Unterstützt von dem Gruppenbewusstsein, das dort auch immer vorhanden ist, wird es alles in dir aktivieren, was dich die nächsten, möglicherweise unbedachten, peinlichen und unangebrachten Schritte tun lässt. Es stupst dich an, wenn du das kleinste Stück Kuchen bekommst, obwohl du äußerlich sagst: „Oh, das macht nichts, es reicht mir, danke." Es gärt in dir, und wenn dann die Kaffeetasse, die zum Kuchen gereicht wird, nicht ganz voll ist, kann das für dein Ego das Fass zum Überlaufen bringen, und du machst vielleicht eine spitze Bemerkung wie: „Ist wohl nicht genug Kaffee im Haus. Soll ich das nächste Mal eigenen mitbringen?" Das Ego treibt dich aber auch voran, wenn du mal nicht mehr kannst, und vermittelt dir: „Es wäre doch gelacht, wenn wir das nicht schafften. Los, voran, du schaffst das!" Mag dies auch aus mangelndem Selbstbewusstsein heraus geschehen, so ist es doch manchmal genau das Richtige, das dich einen Schritt nach vorne kommen und dich sogar eine riesige, sonst unüberwindbare Hürde nehmen lässt.

Das Ziel ist, das Persönlichkeitsselbst unter Aufsicht zu bekommen, es agieren zu lassen, aber Übertritte, die dich eher einen Schritt zurückwerfen, zu unterbinden oder zu korrigieren. Wie wäre es, wenn du deinem Persönlichkeitsselbst mal direkt in die Augen blicktest?

Schließe deine äußeren Augen und imaginiere deine innere Bühne, bitte dein Ego, dein Persönlichkeitsselbst, zu dir zu kommen. Was du jetzt siehst, mutet dich vielleicht sehr komisch an. Das Ego wird dir so erscheinen, wie es sich im Moment fühlt. Vielleicht steht plötzlich ein prunkvolles, sehr wichtig wirkendes Wesen vor dir, das dir seine starke Präsenz demonstrieren will. Vielleicht steht da aber auch eine zottelige, wirre, eher irrational wirkende Gestalt mit blitzenden Augen, die sich wehleidig beklagen möchte, dass sie nicht wahrgenommen wird. Womöglich kommt ein gestikulierendes Wesen, das drastisch deine Aufmerksamkeit fordert, weil du es nicht genügend beachtest. Oder es erscheint ein witziges Wesen, wie ein Narr, das dir augenzwinkernd eine gewisse Bauernschläue vermitteln möchte, nach dem Motto: „Mich wirst du so schnell nicht umkrempeln, ich bin gewitzt und kenne jeden Weg, ohne dass du mir auf die Schliche kommst."

Die ganze Übung kann auch sehr komisch sein. Schön, wenn du diesen Anteil, der für dich recht schwer einzuordnen ist, mit Humor nimmst. Du weißt ja, Humor ist das i-Tüpfelchen auf allem. Lass dich auf diese interessante Begegnung ein und lausche, was dein Ego auf dem Herzen hat.

Eine besondere Art der Transformation, die auch mit der mentalen Reinigung und den dunklen Stunden der Seele, wie sie oft genannt werden, zu tun hat, ist die Depression. Ich beschreibe sie in diesem Kapitel, weil das Persönlichkeitsselbst einen großen Anteil daran hat. Wenn du deine Zellen von Altem klärst, wird dein Ego dabei vielleicht aufschreien und sich wehren. Es fühlt sich so, als würde ihm etwas genommen. Dein Ego ist auch der Teil, der dich immer wieder auf deine Unzulänglichkeit aufmerksam macht und dich ermuntert, dir Bestätigung im Außen zu suchen, was dann unweigerlich zu Frustration führen muss. Du kannst im Außen deine Befriedigung, dein Seelenheil nicht finden, es sei denn für kurze Zeit. Auf der Zellebene weißt du das. Dein Ego ist also an den inneren Kämpfen beteiligt und verursacht deine dunklen, traurigen Stunden mit. Depressive Schübe, die Sekunden, Minuten, Stunden, auch Tage dauern können, gehören zur Transformation dazu. Wenn du mitten in so einem Schub steckst, solltest du allerdings versuchen, dich mit deinem Höheren Selbst zu verbinden. Nutze diese Verbindung wie einen Rettungsanker. Du bist immer mit deinem Höheren Selbst in Verbindung, nicht nur oberflächlich und nicht nur hin und wieder. Wann immer Dunkelheit, Trauer, Unzulänglichkeitsgefühle, Ohnmacht und Einsamkeit dich berühren, schiebe dein Ego beiseite, aktiviere bewusst das Goldene Band zum Höheren Selbst und atme göttliches Licht. Das wird dir helfen, die Dunkelheit des Prozesses besser zu überstehen. Beobachte dabei das Ego, gib ihm keine Chance, die Führung zu übernehmen und dir Dinge zuzuflüstern, die dich nicht aufbauen. Du kannst auch versuchen, dein Ego mit dem Höheren Selbst zu verbinden. Nimm das Ego im Geiste an die Hand und leite es bewusst zum Goldenen Engel. Beobachte die Fusion von Ego und Höherem Selbst. Stelle dir vor, dass ein goldenes Band die beiden verbindet. Lehne dich zurück und konzentriere dich weiter auf das Goldene Band. Ich hoffe, es tröste dich, wenn ich dir versichere, dass diese kurzen Dunkelheitsphasen dich immer weniger berühren werden. Sie gehören allerdings zum Prozess. Tausche dich gern mit anderen Erwachten darüber aus.

Weitere Übungen

Du bekommst in diesem Buch viele Angebote für Übungen. Vielleicht sagst du dir: „Es sind so viele, die kann ich gar nicht alle schaffen." Sei beruhigt, das brauchst du auch nicht. Ich biete dir lediglich eine große Palette an. Wähle einfach aus, was dir gefällt, was dich anzieht. Wenn du mit deinem Ego einen klaren Kontakt hast, ich will damit sagen, dass du es gut im Griff hast und bemerkst, wann es die Zügel in der Hand hat, und dann erkennend eingreifst, ist das ausreichend. Aber es gibt sicher mal eine Situation, in der du erkennst, dass es mit dir durchgegangen ist. Dann prüfe und regle es auf deine Art, ob mit oder ohne einer der Übungen. Aber vergiss nie deinen Humor.

Barbaras persönliche Erfahrungen

Da ich, genau wie Sie, jetzt mitten in diesem Buch bin und soeben dieses Kapitel empfangen habe, muss ich schon ein bisschen schmunzeln. Denn das Thema Depressionsschübe begleitet viele meiner Bekannten, Freunde und Leser, das weiß ich, es wird mir oft erzählt. Auch ich selbst bin nicht frei davon. Rückblickend darf ich sagen, dass mein Ego mir oft sehr hilfreich war und mich unterstützt hat, bei meiner Arbeit die nötigen Schritte in die Öffentlichkeit zu tun. Sonst hätte ich sie bestimmt gar nicht gemacht. Das heimische Sofa wäre mir manchmal lieber gewesen. So haben unter anderem auch meine Schattenanteile dafür gesorgt, dass Kryons Botschaften durch mich noch weitere Wege gingen. Dafür bin ich sehr dankbar. Trotz alledem habe ich auch immer wieder damit zu tun, das Persönlichkeitsselbst in Schach zu halten, manchmal auch zu trösten. Wenn ich jetzt hinschaue, sehe ich es als etwas nörgelnde Frau, die gern einen Kaffee trinken und ein Stück Erdbeertorte essen möchte. Beides steht schon fast fertig in der Küche. „Mach endlich eine Pause", sagt sie. „Ich habe Hunger, Pausen müssen auch sein." Wo sie recht hat, hat sie recht. Ich werde mir den Kuchen gleich schmecken lassen! Vorher möchte ich noch erwähnen, dass ich die Idee von Kryon, das Ego mit dem Höheren Selbst zu verbinden, sehr empfehlen kann. Ich mache dies immer wieder gern und habe dabei viel zu lachen, so komisch kann diese Begegnung sein.

16

Entspannung, ein wichtiges Werkzeug

Der Spielplan der Erde, das erzählte ich bereits, wird vom planetarischen Logos Sanat Kumara gehalten. Das bedeutet, dass im Bewusstseinsfeld der Erde alles in einem bestimmten Ausmaß vorgegeben ist. Das gilt auch dann, wenn dieses Feld wie jetzt bereits erweitert ist. Das Feld wird so gehalten, dass eine bestimmte Bewusstseinsentwicklung das Erfahrungsparameter für die Menschen bildet. Das Neue an dieser Zeit, mit ihrer Neuen Energie, der Goldenen Welle, ist: Erwachte können dieses Feld verändern. Sie können sich ihr eigenes Feld innerhalb dieses Spielfeldes weben und es durchdringen. Das konnten früher nur Eingeweihte. Die Tore in die Freiheit, in die Weite des Universums sind geöffnet. Um dein eigenes Feld zu weben, brauchst du nur deine reine Absicht und den Willen, es zu tun. Durch uns und auch durch diese Informationen erhältst du nun eine gute Unterstützung. Das ist die Aufgabe dieses Buches. Genau genommen schaffst du das alles aber auch, indem du es einfach geschehen lässt. Aber der Mensch befindet sich bekanntlich in ständiger Aktivität, deshalb ist es für ihn sehr schwer, ganz in Ruhe zu sein. Er bevorzugt es, im Spielfeld Erde auch wirklich zu spielen, deshalb sind die angebotenen Übungen ein Sprungbrett für das Wachstum.

Für westliche ungeschulte Menschen ist es besonders schwer, in die Ruhe zu kommen. In Ruhe und Entspannung zu sein ist das stärkste Werkzeug der Neuen Energie. Damit schaffst du die Möglichkeit, die Dinge, die du anstrebst, leichter zu erreichen. Das gilt für geistige Reisen ebenso wie für die Klärung der Muster durch messerscharfes Analysieren, aber auch für das Sicheinlassen auf das Höhere Selbst oder ein gutes, klärendes Gespräch mit deinem Chef oder anderen Menschen, die dir Sorgen bereiten. Mit unklarem Kopf, pochendem Herzen, zitterndem Körper und hektischem Sprachfluss lassen sich keine guten Entscheidungen fällen, geschweige denn gute Resultate erzielen. Wie man in die Entspannung kommt, lehren die östlichen Mysterienschulen seit Langem zur Genüge. Auch hier gilt: Jetzt ist eine einfachere Art des Lernens angebracht. Die Zeit für langsames Lernen, Schritt für Schritt in langwierigen Lehrstunden, ist nicht mehr vorhanden. Ich möchte damit die alten Weisheiten nicht diskreditieren oder infrage stellen. Sie haben ihre Berechtigung. Und so manch einer von euch hat in den letzten Jahren oder sogar Jahrzehnten von östlichen Meistern und ihrem Lehren viel gelernt. Liebäugle nicht unbedingt nur mit dem Osten, denn du bist nicht ohne Grund hier inkarniert. Die Menschen hier und dort unterscheiden sich durch ihre Mentalität und ihre Lebensweise. Du hast dir für deine letzten Erfahrungen ganz bewusst ein Land in Europa gewählt, wahrscheinlich auch, um anderen einen Teil deines Weges zu offenbaren und ihnen auf ihrem Weg behilflich zu sein.

Um zur Entspannung zu finden, lass uns den Atem betrachten. Er ist das Elixier der Quelle für den menschlichen Körper. Er ist für dein Leben hier auf der Erde notwendig. Wenn er nicht ausreichend fließt, strömt nicht genug Lebensenergie in deine Körper. Über die Prana-Atmung haben wir schon ausführlich gesprochen. Du kannst sie gezielt einsetzen, wenn du das Gefühl hast, dass du viel Energie brauchst. Gehen wir einmal den Ablauf eines ganzen Tages durch, und ich gebe dir ein paar Empfehlungen für Entspannung und Lebenskraft. Denn auch dieses Paket ist der Dualität unterworfen: Ausatmen, Einatmen, Anspannung, Entspannung, Ruhen, Aktivität. Morgens möchtest du sicher eher schwungvoll in den Tag hineinkommen. Ich empfehle, dir deines Körpers durch eine Minigymnastik bewusst zu werden, einfach indem du dich dehnst und dir deines Körpers ganz bewusst wirst. Du kannst stattdessen auch bewusst über deinen ganzen Körper streichen. Wenn dir ein starkes Rubbeln lieber ist, so ist das auch gut. Vielleicht möchtest du jeden Körperteil laut begrüßen: „Guten Morgen liebe Beine, wir wollen jetzt in den Tag starten. Ich bitte euch, mich heute gut durch den Tag zu tragen. Ich danke euch!“ So könntest du beginnen. Nimm kurz zu deinem Körperbewusstsein Kontakt auf und erfrage ein Tagesmotto von ihm. Nun atme ein paar Mal tief in dich hinein und setze gezielt die Pranaatmung ein, die ganz intensiv deinen Körper, deine Lungen und jede Zelle des Seins mit der göttlichen Energie erfüllt. Du wirst spüren, wie alles in dir zum Leben erwacht. Einige von euch laufen oder joggen morgens gern. Wenn du das nicht magst, ist das auch in Ordnung. Jeder muss fühlen und wissen, was seinem Körper guttut. Nur weil es in Zeitschriften oder von Ernährungs- und Sportgurus empfohlen wird, sollte keiner seinem Körper etwas zumuten, was er als Tortur empfindet. Wer morgens in den Körper hineinhorcht, wird wissen, was ihm guttut. Entspannt spazieren zu gehen und sich jedes Körperteils bewusst zu sein kann für die Zusammenarbeit zwischen Mensch und Körper sehr effektiv wirken. Wer Sport treibt, zum Beispiel Radfahren, Laufen oder Joggen, sollte sich dabei im Geiste mit dem Körper beschäftigen und nicht Musik hören oder telefonieren. Das gibt Körper und Geist eine gute Chance, eine Verbindung herzustellen. Folgendes ist vielleicht neu für dich: Wenn du im Geiste alle Übungen mitmachst, also vor deinem inneren Auge auch läufst, ist das eine Steigerung der Tätigkeit. Du vollziehst sie sozusagen auf zwei Ebenen. Daraus könnte man die große Weisheit ziehen, dass Sport und Körperertüchtigung jeder Art genau so viel bewirken, wenn sie im Geiste getan werden. Stell dir vor, du liegst gemütlich auf dem Sofa und gehst im Geiste spazieren oder joggen. Das hat, wenn du es konzentriert und länger machst, auf der körperlichen Ebene die gleiche Wirkung, wie wenn du auch physisch spazierengehen oder joggen würdest. Denn du gehst ja wohl meist joggen oder laufen, um deinen Körper zu formen und die Muskeln zu stählen, nicht wahr? Einige wenige tun dies, um schöne Gefühle in sich zu entwickeln. Das kann auch einfacher geschehen, nämlich indem du bewusst im Geiste tätig wirst. Das gilt übrigens für viele andere Dinge ebenso. Aber so weit bist du wohl noch nicht, dass du im Geiste zur Arbeit gehst, die Arbeit von dir auch im Geiste erledigt wird und trotzdem dein Gehalt jeden Monat auf deinem Konto ist. Möglich wäre es schon. Wenn du ihn nur genug trainiert hast, könntest du mit einem anderen Teil von dir dort erscheinen, während du mit dem Rest auf dem Sofa liegst. Tja, aber bis du das kannst, dauert es wohl noch ein wenig!

Tagsüber ist der westliche Mensch meist in Hektik, weil sein Tagesablauf eng gezurrt ist. Da bleibt kaum Platz für persönliche Dinge. Geehrt ist der Mensch, der erstens versteht, dass Zeit dehnbar ist. und zweitens lernt, durch Entspannung den Tag leichter zu gestalten. Du möchtest wissen, wie du die Zeit dehnen kannst? Alles geht über dein Bewusstsein. Wenn du es schaffst, die Uhr einmal beiseitezulegen, und dein Höheres Selbst bittest, es möge dir so viel Zeit zur Verfügung zu stellen, wie du am Vormittag brauchst, um eine bestimmte Arbeit entspannt und locker zu bewältigen, wird das gelingen. Du solltest dann ruhig alles so erledigen, wie es dir in den Sinn kommt. Dein Goldener Engel wird die Arbeit so zusammenstellen, dass sie effektiv abgewickelt wird. Vielleicht ganz anders, als du es geplant hast. Schau in diesem Fall zwischendurch nicht immer irritiert auf die Uhr, sondern vertraue darauf, dass alles so für dich geregelt wird, dass du den riesigen Berg Arbeit entspannt schaffen kannst. Denn genau so wird es sein. Wenn du alles fertig hast, was du dir für den Vormittag vorgenommen hast, dann darfst du gern auf die Uhr schauen, weil du es wahrscheinlich vor Neugierde nicht mehr aushältst. Du wirst feststellen, dass du hervorragend in der Zeit liegst. Du kannst auch zu deiner nächsten Verabredung gehen, ohne auf die Uhr zu schauen, und einfach darauf vertrauen, dass du rechtzeitig kommst. Wahrscheinlich wirst du erleben, dass dein Gesprächspartner erfreut bemerkt, dass du superpünktlich bist. Wenn Barbara eine Zeitvorgabe hat, wie lange ein öffentliches Channeling dauern soll, kann sie sicher sein, dass ich rechtzeitig und auf die Minute genau mit den Botschaften fertig bin, obwohl ihr Zeitgefühl ihr vielleicht etwas anderes sagen würde. Ich bin sehr froh, dass sie mir immer mehr vertraut!

Der westliche Mensch atmet meist zu flach und zu schnell. Je nach Anspannung und Situation geht er aber auch in die langsame gepresste Atmung hinein. Ich möchte dir jetzt eine uralte Art der Atmung empfehlen, die schon die Alten Weisen ihre Schüler lehrten und die ganz einfach ist. Es ist die Viereratmung. Du zählst bei jedem Einatmen, Atemhalten und Ausatmen im Sekundentakt bis vier. Das bedarf natürlich einer gewissen Übung. Aber sobald du es integriert hast, kann es eine sehr große Erleichterung im Alltag sein. Du weißt ja, dein Körper hat Bewusstsein, und wenn du als Boss ihm sagst, er soll diese Atmung adaptieren, dann wird er sie unterstützen. Du wirst feststellen, dass dich dein Körperbewusstsein am Anfang des Übens sogar immer mal wieder darauf aufmerksam macht. Diese Atmung führt zu einem konstanten Sein. Ich will damit sagen, dass du auch beim Atmen aus der Dualität herauswächst. Gezieltes Prana-Atmen ist eine Sonderform, die zu speziellen Tageszeiten oder Anlässen angebracht ist. Atme konstant die Vireratmung, das lässt dich fast automatisch in eine entspannte Haltung gleiten, auch wenn du schnell in Aufregung gerätst.

Wenn du so gleichmäßig deinen Körper mit dem göttlichen Atem nährst, hat auch dein Goldener Engel es leichter, sich mehr und mehr mit dir zu verbinden. Auf einen entspannten Körper kann er leichter einwirken, als wenn du deinen Tag hektisch und unausgeglichen lebtest. Die Kunst ist doch gerade, auch im Laufe des Tages bewusst in der Verbindung mit dem Goldenen Engels zu sein. Einfach zu fühlen und zu lauschen, was er tun würde, wenn der Chef wieder einmal meckert oder ein neues Projekt nicht so recht vorankommt. Entspannter, in guter Verbindung zum Höheren Selbst läuft der Tag viel klarer und sinnvoller ab. Ja, ich spreche vom Sinn. Du wirst feststellen, dass viele Dinge, die du vielleicht mit dem Verstand für den Tag oder die Woche geplant hast, von deiner höheren Instanz umgeworfen werden, weil sie für dich und/oder dein Umfeld nicht sinnvoll sind. Sie sind nicht vonnöten, schaffen nur Unruhe oder lenken vom eigentlichen Plan ab. Durch ein entspannteres Sein fügt sich das tägliche Leben immer mehr wie von selbst. Wer in Hektik, schwitzend, voll bepackt mit Terminen den Tag durchläuft, ist immer noch tief im Massenbewusstsein verankert und sieht den neuen Weg nicht. Manchmal ist das aber auch eine Schutzreaktion. Denn wer viel tut, hat immer eine Entschuldigung dafür, keine Zeit für sich selbst zu haben.

Wenn du durch eine regelmäßige Atmung und vielleicht auch durch Kurzmeditationen am Arbeitsplatz oder durch geistige Kurzreisen entspannter bist, stehst du in einer guten Verbindung zum Universum und hast auch eher die Chance, deine eigenen und die Gedanken anderer zu steuern. Da kommen wir zu einem schwierigen Thema, nicht wahr? Der Spielplan Erde hat ein Massenbewusstsein. Es umfasst alle Gedanken, die je gedacht wurden. Im normalen Bewusstsein, das dem alten Spielplan der Erde entspricht, bist du immer in deine Gedanken und die anderer verwickelt. Die Gedanken kommen plötzlich in dein Feld und gehen wieder, und du merkst oft gar nicht, ob es deine Gedanken oder die der anderen sind. Die Kunst ist, dich durch die Werkzeuge der Neuen Energie aus diesem Massenbewusstsein herauszuheben, indem du dein eigenes Feld durch die Verbindung zu deinem Goldenen Engel so stärkst, dass du dich allein aus ihm nährst. Dann bist du auf der irdischen Spielwiese sozusagen autark, du hast deine eigene Wiese. Je mehr du dir deiner selbst bewusst bist und den geistigen Kontakt pflegst, desto mehr nährst du dich von deinem göttlichen Kern. Du gestaltest dir dann deinen Tag selbst und lässt ihn nicht durch das Verhalten und die Gedanken der anderen gestalten. Wenn du das einmal verstanden und angenommen hast, wird alles leichter. Anfangs kann es allerdings manchmal zu Einsamkeitsgefühlen kommen, wenn du spürst, dass wenig Gedanken in dein Feld kommen. Vielleicht fühlst du dich sogar isoliert. Umso schöner ist es jedoch, zu spüren, wie du dich für die göttlichen Energien öffnest, die dich nun immer mehr nähen wollen.

Das Stoppen der eigenen oder der Gedanken der anderen ist für jeden Erwachten im täglichen Leben durchaus eine Herausforderung. Es ist ein Prozess und nicht von heute auf morgen zu schaffen. Ich kann nicht genug darüber sprechen, weil du immer wieder erschöpft bist und das Gefühl hast, du kommst damit überhaupt nicht weiter. Hab Geduld und vertraue. Auch diese Fähigkeit verbessert sich durch die Viereratmung. Irgendwann wirst du spüren, dass du in deinem eigenen Handeln immer freier bist. Du merkst es, wenn sich wieder einmal ein unerwünschter Gedanke einschleicht. Du schaffst es dann, dich selbst und die Gedanken wie ein Außenstehender zu beobachten. „Aha, der Gedanke kommt wieder einmal ins Spiel. Nein, du darfst gern weiterziehen." So klärst du dich immer mehr. Hier noch ein paar Anregungen, wie du es schaffen kannst, dich immer mehr aus den Fängen der umherziehenden Gedanken zu lösen:

Die Viereratmung zentriert dich immer wieder. Du musst sie nur eine Weile bewusst ausführen. Gehe in dein Herz hinein und verweile dort in der Stille. Setze dich dann im Geist auf eine Wolke, schließe die Augen und lass dich treiben. Oder visualisiere eine Farbe, die du liebst, tauche vor deinem inneren Auge ganz in sie ein und verweile darin. Stattdessen kannst du dir auch die Goldene Welle plastisch als Welle vorstellen und auf ihr ohne Gedanken dahingleiten. Du kannst dir auch das Goldene Band vorstellen, das dich mit deinem Goldenen Engel verknüpft, und dich ganz eng mit ihm verbunden fühlen. Oder du holst dir schnell den Goldenen Engel, in deinen Geist und kuschelst dich in seinen Arm oder verschmilzt mit ihm. Das geht auch am Arbeitsplatz. Tu das, was dir am liebsten ist. Sich in das eigene Herz zu visualisieren ist auch dann schön, wenn mehr Zeit zur Verfügung steht. Zum Beispiel abends am Ende eines mühsamen Tages.

Hier biete ich dir eine kleine Übung an: *Schließe deine Augen, atme die Viereratmung und visualisiere dein Herz. Nicht anatomisch korrekt, sondern in der bei Menschen üblichen „Herzform" mit diesen Rundungen. In der Mitte ist eine Tür, die öffne ich für dich. Du gehst hinein in dein Herz. Schau dich dort drinnen um. Vielleicht möchtest du ein wenig aufräumen? Vielleicht sind da ein paar Dinge, die dich stören und dein Herz eher wie einen unaufgeräumten Dachboden oder Keller aussehen lassen. Wie es hier aussieht, zeigt nebenbei bemerkt auch ein bisschen deine Verfassung im Herzensbereich, die Barrikaden oder*

Unklarheiten, die dort noch sind. Gestalte dir dein Herz im Inneren jetzt so, wie es dir gefällt. Vielleicht erschaffst du ein gemütliches Wohnzimmer oder einen Raum, der wie eine kleine Kapelle wirkt. Oder bevorzugst du einen klaren Raum, der lediglich ein Sitzkissen, einen Stuhl und eine Kerze oder einen Strauß Blumen enthält? Schaffe dir einen Rückzugsort deiner Wahl. In diesen Herzensraum kannst du in der Hektik des Tages mit einer kurzen Viereratmung hineingehen. Dort kommst du rasch zur Ruhe und tankst göttliche *Kraft für den weiteren Tag. Eigentlich ist diese Übung ganz einfach, nicht wahr, du musst dich nur daran erinnern und sie auch machen.*

Den Tag entspannt zu leben ist die beste Voraussetzung für den göttlichen Weg, den du gern beschreiten möchtest. Lege deinen Fokus auf die Entspannung. Wie bei allen Dingen gilt auch hier: Du musst es tun, die anderen werden es dir nicht schenken. Wenn du geschäftlich oder familiär stark eingebunden bist, musst du dir dieses Recht manchmal fast erkämpfen. Entspanntes Leben stärkt dein körperliches Befinden, es glättet alle Sorgenfalten (spart teure Cremes) und gleicht spannungsgeladene Situationen aus. Entspannung ist ein wichtiges Werkzeug der Neuen Energie. Ein wundersamer Nebeneffekt dieses Prozesses ist, dass du aufhörst, ständig zu bewerten. Du siehst dich und die anderen Menschen in einem anderen Licht. Du betrachtest sie aus göttlicher Perspektive. Ist das nicht wundervoll?

Weitere Übungen

Alle Empfehlungen, die ich dir eben gab, gipfeln natürlich wieder einmal in der Verbindung zum Goldenen Engel. Wenn du sie schon ein bisschen beherrschst und sie mehr in den Alltag hineinholen kannst, dann verbinde dich im Laufe des Tages immer wieder mit dieser höheren Instanz. Das bringt automatisch größere Klarheit mit sich, und deine Atmung wird fast von selbst immer ausgeglichener. Dafür sorgt schon dein Höheres Selbst. Aber der Weg zu dieser kontinuierlichen Verbindung bedeutet, immer wieder den äußeren Einflüssen zu trotzen oder sich des Goldenen Engels bewusst zu werden. Irgendwann geht dir das wahrlich in Fleisch und Blut über. Bis dahin sind die kleinen Übungen hervorragende Hilfsmittel. Wer das Glück gewählt hat, viel Zeit für sich zu haben, sollte sich freuen, seine Zeit für innere Übungen nutzen, um sich gezielt aus dem Spielfeld Erde, der Dualität, auszuklinken. Womit ich nicht vermitteln möchte, dass du dem irdischen Leben entsagen solltest. Lebe das irdische Leben trotzdem mit Genuss. Deshalb bist du ja auch hier. Verwebe beides miteinander. Ich könne es auch so sagen: „Genieße das irdische Leben bewusst mit leidenschaftlicher Entspannung!“

Barbaras persönliche Erfahrungen

Ich gehe ja, genau wie Sie, liebe Leserin und lieber Leser, durch alle diese Prozesse. Mit Kryon, meinem Goldenen Engel, bin ich allein durch die Zusammenarbeit eng verbunden. Das bewahrt mich jedoch nicht vor den notwendigen Schritten der Bewusstseinserweiterung. Ich gehe in diesem Buch auch intensiv in alle Kapitel hinein. Mit der Gedankenklärung bin ich schon seit Langem in einem, ich will mal sagen, härteren Gefecht. Das will nur sehr schwer gelingen. Wenn ich hier beim Schreiben ganz für mich bin, tauche ich ganz in das göttliche Feld ein. Aber bei alltäglichen Dingen muss ich mir schon öfter einmal das göttliche Feld wieder bewusst machen, um nicht sehr menschlich zu reagieren. Aber ich glaube, ich bin auf dem richtigen Weg.

17

Die Sexualität, eine göttliche Körpererfahrung

Als die Erde zu einem Schulungsplaneten wurde, begannen die hohen Schöpferwesen eine Möglichkeit zu entwickeln, wie die Menschen sich auf eine angemessene Weise vermehren konnten. So wie im Geiste eine Teilung geschehen kann, beispielsweise deine Teilung in die Seelenfragmente, musste, als die Erde immer tiefer in die dritte Dimension fiel, eine materiellere Möglichkeit geschaffen werden, damit der Mensch sich vermehren konnte: der geschlechtliche Akt. Er ist das Ergebnis eines phantastischen göttlichen Planes. Durch die Paarung zweier Menschen, die mit höchster göttlicher Ekstase verbunden ist, kann ein Seelenfragment in den Leib einer Frau kommen. Genial eingefädelt, nicht wahr? Damals ging es wirklich darum, die Menschheit zu vervielfachen, damit eine Erfahrungsplattform entstehen konnte. Im Kapitel *Eine Reise nach Lemuria* im ersten Band ist beschrieben, wie lustvoll dort sogar die Geburt vonstatten ging. Die Schwingung der Erde und der Menschen war damals allerdings höher. Der geschlechtliche Akt und die Geburt eines Kindes waren eine wundervolle, schöpferische Erfahrung für Mutter, Vater und Kind.

Wie leben nun die Menschen heute mit diesem schöpferischen Vorgang? Betrachten wir einmal die westliche Welt und wie ihre Sitten und Bräuche von anderen Völkern adaptiert und werden und ihnen erstrebenswert erscheinen. Dabei erkennen wir, dass sich das Bild der Sexualität immer mehr zu einem Akt verschoben hat, der recht getrennt und abgesondert ist von der göttlichen Erfahrung. Mit der Abwertung der Frau, die schon seit mehreren Jahrhunderten mit dem Mann nicht mehr gleichberechtigt ist, veränderte sich auch das Bild der Sexualität sowie der Mutterschaft. Die heilige Vereinigung zwischen Mann und Frau glitt ab zu einem einfachen sexuellen Akt, der durch äußere Reize stimuliert wird und vielfach lediglich auf einen kurzen Höhepunkt der göttlichen Ekstase ausgerichtet ist. Danach fühlen sich die Partner meist wie nach einer erschöpfenden körperlichen Anstrengung. Sie endet mit einem Gefühl der Leere oder manchmal mit Traurigkeit, und man fragt sich: „Ist das alles gewesen? Es hat sich für einen kurzen Moment so wunderbar angefühlt, aber ich weiß, es könnte ganz anders sein." Selbstverständlich gibt es in der heutigen Welt auch Menschen, die tiefer in diese Mysterien des schöpferischen Aktes eintauchen, die sich mutig nach vorne wagen oder vielleicht sogar noch schwache Erinnerungen aus alter Zeit in sich tragen. Sie ahnen, wie erfüllend ein geschlechtlicher Liebesakt sein kann. Sie spüren die Fülle hinter einer äußerlich oft profanen Handlung und können es vielleicht innerhalb der Partnerschaft zu einer liebevollen, hingabefreudigen Liebesbeziehung bringen, die beide an den Rand einer schönen göttlichen Erfahrung führt. Es ist eine göttliche Zeremonie, eine himmlische Vereinigung für den Menschen, der sich dafür öffnet.

Wir wollen jetzt näher in diese wundervolle Möglichkeit hineinschnuppern, die die menschlichen Körper und die höheren Sphären einem offenen Menschen bieten. Wie wir wissen, war der Mensch in alter Zeit enger und bewusster mit seinen höheren Anteilen verbunden. Jeder konnte in sich selbst jenes göttliche Gefühl erzeugen, das sich durch Frohsinn und kleine Glücksgefühle ausdrückt, welche das Leben als eine herrliche göttliche Erfahrung erscheinen lassen. Das gehörte zum Alltag. Man war sich seiner selbst bewusst. Es gab immer die Möglichkeit, in der Stille mit der göttlichen Einheit verbunden zu sein. Meditationen waren ein Akt der Freude und der tiefen Gottesverbundenheit. Die Sexualität war ein Höhepunkt. Sie bedeutete, gemeinsam mit einem geliebten Menschen in inniger Verbindung zu Gott zu sein. Sich im sexuellen körperlichen Kontakt ganz für die göttlichen Energien zu öffnen und sich hineinfallen zu lassen, damit sie den ganzen Körper für eine längere Zeit erfüllen und erstrahlen lassen, war die Krönung für einen Menschen auf der jungen Erde. Stell dir bitte vor, dass diese Gefühle auf anderen Ebenen schon bei einer intensiven Berührung entstehen können. Wenn die Chemie stimmt, so würdet ihr sagen, dann können zwei Menschen auf der astralen Ebene durch einen leichten Kontakt, ein Hauch genügt, ganz in eine ekstatische, göttliche Erfahrung eintauchen. Oft genügen auch die Kraft der Gedanken und der Nähe. Auf der astralen Ebene, in der vierten Dimension, ist die Ekstase noch nicht so tief erfahrbar wie auf den noch höheren Ebenen. Je höher die Ebene, desto tiefer ist eine sexuelle Erfahrung, die man dort natürlich nicht mehr als eine solche bezeichnen kann.

Das Wort „Sexualität" ist an sich schon eine Abtrennung von der Göttlichkeit. Wir wollen lieber von „göttlicher Körpererfahrung" sprechen. Die Verbindung zwischen zwei Menschen, die ein Liebespaar sind, beginnt damit, dass sie sich sympathisch sind und sich zueinander hingezogen fühlen. Die Körperchemie beginnt sich zu verändern, beide gehen ganz in Resonanz miteinander. Auch auf einer höheren Ebene stellen sie fest, dass sie einander nun endlich begegnet sind. Denn auch hier gilt: Es gibt keine zufällige Liebesgemeinschaft, sie ist verabredet. Wie diese zarte Liebesbeziehung weiter erlebt wird, ist meist geprägt von den Einstellungen und Erfahrungen, die beide in diesem und in anderen Leben gewonnen haben. Da sich Seelenfragmente immer wieder zueinandergesellen, hatten diese beiden wahrscheinlich schon öfter das Vergnügen, zusammen zu sein, aber nicht unbedingt als ein Liebespaar. Nun kannst du dir ausmalen, was meist geschieht: Jeder hat seine Erwartungen, die gelebt werden wollen.

Partnerschaften an sich möchten wir im nächsten Band näher beleuchten, hier widmen wir uns dem Thema göttliche Körpererfahrung. Die erste Liebesnacht eines Paares mag stürmisch und aufregend sein. Bekanntlich haben Mann und Frau durch die Trennung der Seele in beide Geschlechter beim Liebesakt unterschiedliche Aufgaben und Empfindungen. Ursprünglich diente er ja hauptsächlich zur Befruchtung des weiblichen Eis. Darauf war dieses Paarungsritual in den alten Tagen ganz bewusst ausgelegt. Da der Kontakt zur göttlichen Ebene inzwischen verloren ging, also nicht mehr zum täglichen Leben gehört, ist der körperliche Akt nun eine Möglichkeit, Gott wieder näher zu spüren. Die göttliche Körpererfahrung der Paare ist demnach eine Möglichkeit, individuell Kontakt zu Gott aufzunehmen. So wird es im heutigen normalen Leben natürlich nicht bewusst wahrgenommen. Die Vertreter der Religionen aller Zeiten wussten um die potenzielle Tiefe einer solchen Verbindung. Wie tief sie tatsächlich ist, bestimmt der Mensch selbst. Er tut dies, indem er sich einlässt auf diese tiefen Gefühle, auf das Experimentieren mit dem eigenen Körper, auf das Erforschen der Gefühle und der Verbindung zwischen Aktion und Gefühl. Vielen Religionshütern war das gar nicht recht. Denn das hätte ja bestätigt, dass die Worte von Auserwählten wie Jesus und anderen Vorreitern der Heimreise des Menschen stimmten: dass nämlich Gott und die göttliche Schöpferkraft in jedem wohnen und nicht im Außen zu suchen sind. Gott ist in dir, und die Kontaktaufnahme durch körperliche Liebeserfahrungen ist die Vermählung mit Gott. Indem der Mensch sich öffnet, kann er die wunderbare göttliche Energie als Ekstase erfahren. Da die Menschen es verlernt haben loszulassen und den Körper ohne Vorbehalte auf die Chemie des anderen reagieren zu lassen, ist die körperliche Liebe zu einem mechanischen Akt verkommen. Im besten Fall wurde sie zu einem Sinnbild dessen, wie sie sich das Leben erträumen. Viele eurer Liebesfilme dokumentieren das. Die wahre Liebe gibt es zwischen dem Helden und seiner Auserwählten meist erst, wenn verworrene äußere Umstände geglättet wurden. Dann schaut man einander tief in die Augen und alles ist gut. Dabei fängt es da erst an, und die äußeren Umstände sollten wirklich keine Rolle spielen. So mancher junge Mensch erlebt tiefe Enttäuschungen, wenn das, was überall als so schön beschrieben wird, im täglichen irdischen Dasein ganz anders aussieht. Der männliche Arm der hochstilisierten Helden wird oft zur Traumebene, auf der sich alle Sorgen auflösen sollen.

Die Menschen nehmen sich wenig Zeit, ihre Körper auf diese göttliche Verbindung einzustimmen. Ihre Körper können nicht miteinander in Harmonie kommen. Ihre Chemie kann sich nicht verweben, um dann später ganz mit der Göttlichkeit zu verschmelzen, so dass die Göttlichen Energien in geballter Form strömen können. Der göttliche Akt muss theoretisch nie enden. Er ist wie eine andauernde Meditation, bei der du mit deinem Höheren Selbst in harmonischer Verbindung bist. Diese Verbindung ist jedoch noch eine Oktave höher anzusiedeln. Sie ist Göttlichkeit pur. Wer sich ganz fallen lässt, alle Scham ablegt und sich traut, die Voreingenommenheit beiseitezulassen, kann in der heutigen Zeit mit einem ähnlich gesinnten Geliebten eine himmlische Partnerschaft kreieren.

Eigentlich müsste ich sie die „Wahre göttliche Vereinigung" nennen. Wenn beide, Frau und Mann, offen und frei sind, vielleicht auch schon geklärt von alten Prägungen und bereit für Wunder, dann kann der körperliche Liebesakt zu einer göttlichen Vereinigung werden. Es ist so schwer, die passenden Worte dafür zu finden, es ist eine Sache der Praxis. Du musst es selbst erfahren, wenn es dein Wunsch ist. Ich kann hier nur die geistige Verbindung schaffen, damit du verstehst was die Sexualität, wie sie heute genannt wird, wirklich ist. Sie ist eine göttliche Erfahrung besonderer Art, die nichts mit kurzzeitiger Befriedigung zu tun hat. Beide Partner sind aufgefordert, völlig loszulassen und alles beiseitezulegen, was sie jemals gehört, gelesen und selbst erfahren haben.

Dein Körper ist ein göttliches Gefährt, das sich anschickt, alle anderen göttlichen Aspekte des EINEN auf der irdischen Ebene miteinander zu verweben. Es ist die göttliche Kraft, die fließt und die neues Leben entstehen lässt. Mit dieser Kraft haben Eingeweihte aller Zeiten Wunder vollbracht. Wenn du dich geistig und gefühlsmäßig näher mit diesem Thema befasst, wirst du wissen, was ich meine. In dir ist die göttliche Blaupause, die alles weiß und alles kann, was Gott ausmacht.

Diese Kraft in dir kann Berge versetzen, aber auch Städte verbrennen. Die Heiligen und Auferstandenen sind durch harte Prüfungen gegangen, um sich dieser Kraft bewusst zu werden und sie einzusetzen. Diese Kraft, die in dir ruht, ist die Kraft, die alles erschaffen kann. Wie sollte es anderes sein, wenn sie neues Leben erschaffen kann? Ist es nicht wahrlich ein Wunder, wie ein Embryo im Mutterleib zu einem Menschen wird? In dem weiblichen und männlichen Samen und der göttlichen Kraft, die in Mann und Frau wohnt, ruht und verbindet sich die Kraft für die Neue Erde und für *dein* weiteres Leben. Aktiviere diese Kraft in dir mit großem Respekt und deiner Liebe zu dir und zu Allem-Was-Ist. Das ist der Schlüssel zum großen Tor der Einheit. Wer von euch schon einmal gefühlt hat, wie göttliche Ekstase sein kann, möchte sie nie mehr missen. Ich spreche nicht von den kurzen Höhepunkten in der Sexualität, wie sie heute gelebt wird. Das ist nur ein Tröpfchen der wahren Kraft, ein Hauch der göttlichen Wahrheit, ein Schnuppern und ein Erahnen. Das ist so, wie wenn du am Weihnachtsabend im Wohnzimmer die wunderbaren Vanillekipferl riechst und dir vorstellst, wie es wäre, jetzt eines zu essen. Aber man lässt dich nicht in die Küche, und am Ende sind die Kipferl nicht für dich gedacht, sondern als ein Geschenk für die Nachbarin. Vielleicht durftest du doch noch ein nicht ganz gelungenes naschen, das nicht mit in die Tüte sollte. So ungefähr ist der Unterschied zwischen der Sexualität, wie sie heute gelebt wird, und der wahren körperlichen göttlichen Liebe.

Nicht alle Menschen sind in einer Partnerschaft oder wollen sie leben. Dennoch ist dieses Thema auch für sie interessant. Die göttliche, körperliche Ekstase kann von jedem Menschen erfahren werden. Wenn sich zwei als Paar auf den Weg machen, sie gemeinsam zu erfahren, ist das wunderbar. Aber du, der du allein lebst, bist deshalb nicht ausgeschlossen.

Die göttliche Kraft ist zentral in einem Kanal neben deiner Wirbelsäule aktiv. Gewöhnlich liegt diese Energie wie eine Schlange zusammengerollt in deinem Steißbein. Das ist die bekannte Erklärung vieler geheimer Pfade der verschiedenen Religionen. Du weißt, ich gebe gern kurze, praktische Erklärungen und Übungen, die ausreichen, um das Grundlegende zu verstehen und umzusetzen. Wenn du trotzdem mehr darüber erfahren möchtest, beschäftige dich mit den esoterischen Pfaden der alten Lehren. Für westliche Menschen empfehle ich gern die altägyptischen Lehren. Denn abgesehen von ihrer tiefen kulturellen Bindung sind sie gut verständlich. Wir helfen dir gern, sie zu erkunden.

Die geheimen Pfade des Körpers, die Gemächer, in denen die göttliche Kraft in dir versteckt ist, kannst du durch die Erkundung deines Körpers und durch die Kraft deines bewusst gelenkten Atems gut erkunden und erwecken. Wenn du die Atmungen, die wir beschrieben haben, praktizierst und auf beziehungsweise mit der Goldene Welle surfst, tust du das eigentlich schon die ganze Zeit. Dann hast du sozusagen schon einige Vanillekipferl probiert. Jetzt möchten wir dir gern nahebringen, wie du mit dieser inneren Kraft deine eigene Alchemie noch verstärken kannst. Denn all das, was in diesem Buch beschrieben wird, ist **göttliche Alchemie**.

Beim geschlechtlichen Akt wird die zusammengerollte göttliche Kraft, auch Kundalini-Energie genannt, aktiv. Sie wird gern als ein Schlangenpaar bezeichnet. Es sind die männliche und die weibliche Schlange, die solare und die lunare Kraft. Wenn sie aktiv werden, schlängeln sie sich wechselseitig an deiner Wirbelsäule entlang durch die Chakren hindurch bis in deinen Kopfbereich, wo sie am Boden der Zirbeldrüse enden. Hier initiiert sich ein chemischer Prozess, der die Ekstase herbeiführen kann. Diese Aktivierung ist aber an eine gezielt eingesetzte Atmung, deine reine Absicht, deinen göttlichen Willen und die Unterstützung deiner geistigen Helfer gekoppelt. Am liebsten wäre mir, du würdest diese Worte und die nachfolgende Übung unvoreingenommen annehmen. Wahrscheinlich hast du aber schon einiges darüber gelesen, was dich sehr achtsam sein lässt. Das ist auch gut so, aber Furcht brauchst du nicht zu haben. Du bist nicht allein, wir sind bei dir und sorgen dafür, dass nichts geschieht, was nicht geschehen soll. Wir möchten dich sachte dazu bringen, dass du mit dir experimentierst, dich noch näher kennenlernst, und dass du herausfindest, welche hohen Energien in dir wohnen und nun gelebt werden wollen. Das ist, als durchschrittest du ein prächtiges Tor, das ins Paradies führen kann. Wir bitten dich nun, das Tor anzuvisieren. Durch die Übungen, die du bisher gemacht hast, seien es die von uns oder auch andere, ist die Energie in deinem Steiß schon sensibilisiert. Du bist erwacht und bereit für weitere alchemistische Vorgänge.

Ich möchte jetzt ein Experiment mit dir wagen, das ein bisschen Mut und Neugier erfordert. Manchmal ist Neugierde gerade auf dem spirituellen Pfad eher fehl am Platze. Aber jetzt bist du aufgerufen, neugierig zu sein, was noch alles in dir steckt. Deinem Persönlichkeitsselbst, dem Körperbewusstsein und deinem Höheren Selbst bist du schon näher gekommen. Jetzt mache ich dich mit den Wächtern deiner göttlichen Kraft bekannt und lasse dich spüren, wie diese Kraft zu fließen beginnt.

Nimm gern wieder meine Hand, ich führe dich. Begib dich mit deinem Bewusstsein in deinen Bauch. Fühle ihn ganz und gar. Atme die Viereratmung und beobachte dabei, wie Atmung und Bauch eins werden, wie sie verschmelzen. Der Bauch reagiert ganz auf deinen Atem. Praktiziere diese Übung eine Weile und bemerke, wie dein Bauch zu leben beginnt. Du bekommst ein schönes, warmes, vielleicht auch prickelndes Gefühl in deinem Bauch. Du kennst es vielleicht auch als ein sexuelles Gefühl. Je länger du in dieser Übung bleibst, umso intensiver spürst du, wie dein Bauch immer mehr belebt wird und das Gefühl sich ausweitet, auch in deine Geschlechtsorgane. In diesem Moment vielleicht kann man durchaus dazu tendieren, sich selbst zu befriedigen, indem man körperlich aktiv wird. Ich würde dir empfehlen, darüber hinauszugehen und weiterzuatmen. Stelle dir jetzt am Ende deines Steißbeines die zwei schon beschriebenen Schlangen vor. Vielleicht haben sie eine erkennbare Farbe. Mystiker beschreiben die lunare Schlange als schwarz (die Farbe der Leere) und die solare als golden (die Farbe der Sonne). Du brauchst diese Farben jetzt nicht zu erkennen, wichtig ist lediglich, dass du die Schlangen siehst. Beobachte, was sie tun. Sie sind wie ein Torwächterpaar vor deinem geheimen Tempel. In diesem Tempel ist die göttliche *Kraft verankert. Die Schlangen beunruhigen dich hoffentlich nicht. Ich habe den Begriff Schlange gewählt, weil das bei euch westlichen Menschen etwas assoziiert, was man als machtvoll, geheimnisvoll, auch unberechenbar und mysteriös bezeichnen könnte. Sie sind liebevolle, aber auch sehr spontane Wesen, die ihr Reich verteidigen und schützen. Beobachte, wie die Schlangen zum Leben erwachen. Vielleicht räkeln sie sich und öffnen verschlafen ihre Augen. Vielleicht magst du auch mit ihnen sprechen. Atme die Viereratmung weiter und beobachte, wie dein Atem und deine Gefühle die Schlangen motivieren, sich zu strecken. Sie werden sich nach einigen Minuten an der Wirbelsäule hinaufschlängeln. Das wirst du als die Ausbreitung der schönen Gefühle in deinem Bauch empfinden. Langsam bewegen sich die Schlangen nach oben und kreuzen dabei wie in einem Slalom alle Chakren. Die* göttliche *Kraft steigt nun hoch in deinen Kopf. Dort löst sie eine Initialzündung in deinem Gehirn aus. Sie ist ein chemisch-biologisch-alchemistischer Vorgang, der* göttliche *Ekstase hervorrufen kann. Hier möchte ich dich und die Übung verlassen, du wirst wissen, was zu tun oder auch* nicht *zu tun ist.*

Du solltest diese Übung mit Bedacht machen. Ich weiß, dass einige Menschen über diese Übung den Kopf schütteln und behaupten werden, dass dies nur für fortgeschrittene Erwachte angebracht sei. Aber wie lange wollen wir noch warten? Die Zeit für Quantensprünge ist schon da. Diese Übung ist ein Schritt weiter in deine eigene Kraft. Wie du sie einsetzen und wie oft du sie machen möchtest, ist dir selbst überlassen. Jeder Mensch, musst du wissen, kommt mit einer gewissen Konstellation und mit individuellen DNS-Prägungen auf die Erde. Es gibt Menschen, die diese Kraft auch tagsüber intensiv fühlen. Sie spüren, wie sie hochsteigt und aktiv wird. Andere bemerken sie nicht direkt, sondern erfahren ihre Kraft durch Kreativitätsschübe oder einen enormen Zuwachs an physischer Ausdauer. Wieder andere sind etwas mehr versunken und spüren diese Kraft durch intensive Tagträume oder spontane Glückszustände. Andere benötigen weniger Schlaf und sind hyperaktiv. Welche Reaktionen auftreten, kann nicht verallgemeinert werden. Auch das Aufsteigen und Wirken dieser Energie ist natürlich einem Wandel unterworfen. Je weniger alte Muster dich noch prägen, desto leichter kann sie fließen. Je mehr du dir ihrer bewusst bist, umso besser lässt sie sich in den Alltag einweben. Aber mach dir bitte keinen Druck, wenn du bemerkst, dass du diese Kraft noch nicht so richtig wahrnimmst. Es kommt alles zur rechten Zeit. Eines Tages wirst du über deine Enttäuschung oder gar Wut, dass Übungen dieser Art nicht gleich funktionieren, sicher schmunzeln. Es lässt sich nichts erzwingen. Wir helfen dir, dass alles zum angemessenen Zeitpunkt in die richtigen Bahnen kommt. Vertraue dir selbst!

Den Teil der Übung, den Paare vollziehen können, wenn sie sich in liebevollem Zusammensein mit der göttlichen Kraft auseinandersetzen wollen, geben wir im dritten Band weiter.

Weitere Übungen

Vielleicht möchtest du diese Erfahrungen auch mit deinem Körperbewusstsein besprechen? Beobachte deinen Körper genau, fühle, was sich vielleicht verändert hat. Was geschieht mit deinem Bauch? Wie fühlt sich deine Haut an? Mit dieser Übung können sich dein Stoffwechsel und vielleicht auch deine Essbedürfnisse verändern. Frage dein Körperbewusstsein, was es dir noch raten möchte. Was verändert sich sonst noch an dir? Wie ist deine Stimmung? Ist sie vielleicht anders, stabiler oder sensibler? Wie fühlst du dich generell? Diese Übung hilft dir, deinen Allgemeinzustand zu verbessern, und die Energien und Prozesse, die durch die Goldene Welle auf dich einströmen, besser zu verarbeiten. Nochmals der Hinweis: Mach diese Übung nicht zu einem Pflichtprogramm. Sie soll leicht und locker in dein Leben einfließen. Vielleicht praktizierst du sie einmal und dann rückt sie in die Vergessenheit. Alles ist richtig.

Barbaras persönliche Erfahrungen

Diese Art von Übung ist mir hin und wieder schon durch Gespräche oder alte Schriften in die Hände gekommen. Ich habe sie ausprobiert und war sehr beeindruckt von dem, was in mir entfacht werden kann. Oft denke ich aber auch gar nicht an sie. Manchmal fällt es mir spontan ein, und dann praktiziere ich sie. Oft vollzieht sie sich auch quasi von selbst, ganz spontan und schnell. Ich denke daran, und schon geschieht es. Alles, was damit zusammenhängt, erfahre ich eher unspektakulär. Ich nehme die Kraft nicht sehr speziell im Körper war, es sei denn, ich lenkte sie bewusst. Ansonsten spüre ich manchmal eine besondere Stärke in mir oder ich bin sehr ausdauernd. Einmal hatte ich eine besondere Erfahrung mit dieser Kundalini-Energie: Ich atmete eine Weile, spürte dann, wie die Energie hochschnellte, und erlebte eine ekstatische Woge. Gleich darauf trat ich in einen Raum der Stille ein. Ich weiß, dass Menschen, die tief meditieren, diesen Ort auch kennen. Es ist ein Raum, der ganz ruhig ist. Ich schwebte darin und fühlte mich unendlich frei. Kein Gedanke störte mich, ich war einfach nur. Ich fühlte mich wunderbar leicht und war völlig ohne Emotionen. Nur ein tiefes Gefühl des Geborgenseins und gleichzeitig der Freiheit durchströmte mich. Ich war dabei im Geiste völlig klar. Ich weiß noch, dass ich auf die Idee kam, mit der Schöpferkraft zu experimentieren, und das auch tat. Leider setzt da mein Erinnerungsvermögen aus. Irgendwann landete ich wieder, und das Gefühl der Leichtigkeit und Klarheit hielt noch ein paar Stunden an. Ich bin manchmal in diesem Raum, aber immer will es mir nicht gelingen, ihn aufzusuchen. Das hat sicher mit alten Mustern und meiner leichten Alltagshektik zu tun.

18

Die Kraft der Gefühle und die Leidenschaft

Ich beginne dieses Kapitel mit dem Hinweis, dass du dich willentlich und bewusst von dem Konstrukt Zeit lösen kannst. Wir agieren in der Jetzt-Zeit. Die Veränderung, der Aufstieg der Erde, beinhaltet auch eine Verschiebung dieses Konstrukts, letztlich sogar seine Aufhebung. Alles, was in deinem Leben passiert, geschieht gleichzeitig. Die Potenziale für deine Zukunft sind alle schon da. Du kannst sie dir gern anschauen. Wollen wir gemeinsam einen deiner Wünsche oder ein Thema deiner Zukunft hervorzaubern? Wir wollen dabei alle Potenziale anschauen, die es möglich machen, dass dein Wunsch in Erfüllung geht. Nehmen wir an, du möchtest eine neue Arbeit, einen Job, der dir Freude macht und den du gerne ausübst. Das ist jetzt dein nächster Wunsch, aber du hast nicht so recht den Mut, diesen Schritt zu tun. Nehmen wir ein Beispiel zum besseren Verständnis: Vielleicht bist du Informatiker, du verstehst viel von Computern und schreibst Programme für Firmen, die ein neues System für ihre Logistik oder Ähnliches brauchen. Das tust du schon seit einigen Jahren. Du hast dafür ein Studium absolviert. Es war die logische Konsequenz dessen, dass dich Computer schon als Kind sehr fasziniert haben und du deine Mutter sehnlichst gebeten hast, dir einen zu kaufen. Irgendwann gab sie deinem Drängen nach, obwohl sie nicht so gern wollte, dass du als Kind so viel Zeit damit verbrächtest. Aber du hast dich durchgesetzt, weil die Leidenschaft dich gepackt hatte. Stunden, Tage und Jahre verbrachtest du mit Leidenschaft vor dem Computer. Sie ließ dann allerdings schon während des Studiums spürbar nach. Als du dann fest in eine Firma eingebunden warst und stundenlang am Computer arbeiteten musstest, ließ sie deutlich nach. Während deiner Kindheit warst du neben deiner Liebe zum Computer eng mit der Musik verbunden. Musik aller Art interessierte dich. Ihr hattet zu Hause ein altes Klavier, auf dem du viel herumgeklimpert hast. Das Saxophon deines Großvaters faszinierte dich auch sehr. So verbrachtest du in der Kindheit ebenfalls viel Zeit in den Schwingungen der Musik. Doch die Leidenschaft für den Computer, in der du auch von anderen Kindern bestärkt wurdest, überwog erst einmal. Das Klavier und das Saxophon traten in den Hintergrund.

Als Erwachsener hat die Leidenschaft für die Musik nun wieder einen festen Platz in deinem Leben gefunden. Du weißt jetzt auch, dass du hierher auf den Planeten gekommen bist, um die Kraft der Klänge zu erkunden, dich in Liebe damit zu befassen und sie vielleicht mit anderen Menschen zu teilen. Seit Jahren möchtest du die Informatik an den Nagel hängen und dich mehr der Musik widmen, um damit auch deinen Lebensunterhalt zu verdienen. Was ist nun zu tun? Ich habe die Geschichte so ausführlich erzählt, weil viele Menschen ein ähnliches Thema haben, natürlich nicht unbedingt als Informatiker.

Die Berufswahl wurde vielfach von den Eltern und der Umwelt mitbestimmt. Der eigene freie Wille und das Wichtige, der Seelenwunsch, blieben dabei oft unberücksichtigt. Du hast den Beruf ergriffen, zu dem alle anderen dir rieten, und obwohl du unsicher warst, hat vielleicht die Vernunft gesiegt. Wie im Fall unseres Informatikers, der immer zu hören bekommen hatte: „Musik ist eine brotlose Kunst. Wie willst du damit deinen Lebensunterhalt verdienen, mein Junge?"

Jetzt fragst du dich: „Was mache ich jetzt? Ich mag meinen Beruf nicht mehr ausüben. Ich hab schon fast ein Magengeschwür wegen der Strapazen und oft Kopfschmerzen vom vielen Sitzen am Computer. So oft ich kann, spiele ich Klavier, beschäftige mich mit Noten und experimentiere mit Tönen. Ich habe gemerkt, dass mich das glücklich und zufrieden macht. Kopfschmerzen und Magendruck sind wie weggeblasen, wenn ich mich in die Musik fallen lasse. Wie kann ich die Liebe und Leidenschaft zur Musik so leben, dass ich auch Geld damit verdiene?"

Wärst du gut mit deinen geistigen Helfern und deinem Goldenen Engel verbunden, könntest du dich für die nächsten Schritte beraten lassen. Aber auch wenn nicht, gibt es seine Lösung: Du hast vielleicht mit deiner Freundin das Meditieren gelernt und besuchst regelmäßig gemeinsame Meditationsabende. Dort werden die Helfer dich inspirieren, den richtigen Weg zu deiner alten Leidenschaft zu finden, sodass sich dir auch eine Möglichkeit auftut, davon zu leben. Einen Plan gibt es schon. Der wurde auf höherer Ebene bereits mit dir selbst geschmiedet. Nur weißt du hier noch nichts davon.

Hier nenne ich in Stichworten die verschiedenen Potenziale, die jetzt zur Verfügung stehen, um dein Leben in Richtung Musik zu verändern: Du könntest Kurse besuchen, die dich mehr mit den Schwingungen und Tönen in Verbindung bringen, und dort gemeinsam mit den anderen Teilnehmern experimentieren. Du könntest nebenher dein Wissen über freie Musik und Komposition verbessern. Außerdem könntest du Klavier- oder Saxophonunterricht geben, beide Instrumente spielst du nämlich recht ordentlich. Du könntest eine Amateurband gründen. Ein paar Kollegen, die auch Lust dazu haben, machen bestimmt gern mit. Diese Band könnte auf Festen mit ihrer Lieblingsmusik, dem Swing, auftreten. Eine Freundin hat eine freien Kellerraum, der sich gut zum Proben eignet. Ein Freund deiner Mutter ist Professor an der hiesigen Musikhochschule. Er findet deine Experimente sehr interessant. Er möchte sich gern näher mit dir unterhalten und dir eventuell ein Forum an der Hochschule zur Verfügung stellen. Ein entfernter Verwandter hat ein behindertes Kind, das sehr gut auf Musik anspricht. Du hast öfter schon davon gehört und gelesen, dass die Schwingungen der Töne sehr wohltuend für behinderte Kinder sein können. Das wäre auch ein Feld, das sich anböte, bepflanzt zu werden.

Du siehst, die Potenziale, die sich dir anbieten, sind fast endlos. Und immer wenn du eines dieser Potenziale konkret angehst, öffnet sich eine Tür für deine nächsten Schritte. Das nennen wir Synchronizität. Die Türen, die da aufgehen, sind im Geiste selbstverständlich schon offen und enthüllen die neue Schritte. Wichtig ist nur, dass du bei allem, was du tust, tief in dein Herz gehst und aus dem Herzen heraus agierst. Vielleicht tust du dies bereits beim Meditieren, beim Spazierengehen oder beim Fahrradfahren. Du liebst es, allein in der Natur zu sein und dabei in Ruhe deine Gedanken zu ordnen. Wir sind natürlich dabei und lenken die vielen kleinen Ideen, die im Hinblick auf deine nächsten Schritte zum Geldverdienen mit der Berufung Musik in dir aufkeimen. Diese tollen Zukunftsaussichten sorgen dafür, dass sich dein Magen irgendwann beruhigt, die Kopfschmerzen dich verlassen und sich ein Gefühl der Befriedigung ausbreitet . Irgendwann wirst du hoffentlich den Mut haben, deine alte Arbeit zu kündigen, um dich ganz der Musik zu widmen. Vielleicht machst du dies auch in Etappen und arbeitest zum Beispiel erst einmal nur noch drei Tage die Woche.

All diese Schritte der Erkenntnis erfolgen am besten, wenn der Mensch tief ins Gefühl geht, wenn er alte Muster entlässt, seinen Mut für Neues freilegt, um dann ganz im Vertrauen die nächsten Schritte zu wagen. Wenn du dich jetzt angesprochen fühlst oder jemanden in der Familie oder im Freundeskreis hast, dem es ähnlich geht, dann ermuntere ich dich ausdrücklich, diesem Menschen Mut zu machen. Meistens fehlt der Mut, einen neuen Pfad zu beschreiten, weil der engste Familien- oder Freundeskreis sagt:„ Bist du nicht gescheit? Du willst deine gesicherte Existenz für so eine verrückte Idee aufgeben? Und das in dieser unsicheren Zeit? Das solltest du dir gut überlegen!" Pioniere braucht die Erde, aber diese Pioniere brauchen oft einen anderen Menschen, der sie ermuntert.

Deine Arbeit, dein Hobby, eigentlich alles, was du den ganzen lieben langen Tag über tust, sollte mit Liebe, einem guten Herzensgefühl, viel Aufmerksamkeit und wenn möglich mit Leidenschaft geschehen. Du sagst vielleicht: „Lieber Kryon, wie soll ich eine Arbeit, die ich nicht mag, mit Leidenschaft und Liebe tun?" Das ist eine Frage der Priorität, die du setzt. Wenn du dich entschließt, alles, was du tust, in Liebe zu tun, bekommt deine Tätigkeit eine andere Schwingung. Nehmen wir an, du bist Buchhalterin und hast keine große Lust mehr, Tag für Tag so und so viele Geschäftsvorfälle zu verbuchen. Lehne dich kurz zurück, atme tief durch und bitte uns, dir die nötige Leichtigkeit für deine Arbeit zu geben. Öffne dein Herz und sage: "Gut, auf geht's! Ich will die Arbeit mit Liebe und ganzer Aufmerksamkeit tun, das schenkt dem Computer ein Gefühl der Achtung, dem Mandanten ein Gefühl der Wertigkeit und mir ein Gefühl der Selbstachtung. Meine Idee, mich beruflich zu verändern, wächst immer mehr. In meiner Freizeit widme ich mich dem Wunsch, Tagesmutter zu sein. Ich weite diese Vorstellung im Geiste aus, ich visualisiere mir genau, wie es sein wird, und lebe es innerlich schon. Ich richte die zwei Zimmer, die ich übrig habe, schon gemütlich und zugleich praktisch ein. Den Antrag für die behördliche Genehmigung habe ich bereits abgegeben. Für die Kurse, die ich besuchen muss, bin ich schon angemeldet. Ich weiß, ich habe alle Schritte getan, damit mein Vorhaben gelingt. Jetzt gehe ich ins Vertrauen und lasse los." Das ist eine wunderbare Art, Herzenswünsche anzugehen.

Die Kraft der Gefühle und die Schöpferkraft der Leidenschaft solltest du nicht unterschätzen. Das ermuntert auch deine Zellen, sich an dem Prozess zu beteiligen. Alle wissen schon, dass die Veränderung da ist. Wenn du die Potenziale dazu gepflegt und bekräftigt hast, sind sie im Geiste schon gewachsen. Alles ist bestens eingefädelt. Ich möchte dich zu einer Übung einladen, bei der du aktiv sehen kannst, wie einer deiner tiefsten Wünsche Realität geworden ist ... Es ist etwas, das dein Herz schon lange bewegt. Du hast es nur noch nicht geschafft, diesen Wunsch wahr werden zu lassen. Bist du bereit?

Schließe deine Augen, atme die Viereratmung und lehne dich entspannt zurück. Jetzt forsche in dir nach deinem Herzenswunsch, was immer es auch sei. Vielleicht hast du schon lange die Sehnsucht, eine Reise nach Hawaii zu machen, weil du dich mit der Huna-Philosophie beschäftigst und die Heilkunst erlernen möchtest. Vielleicht möchtest du dich beruflich mit Pflanzen beschäftigen, hast allerdings keine Lehre absolviert, hegst aber schon lange den Wunsch, in der Natur mit Pflanzen zu sein. Was immer du in dein Leben bringen möchtest, stelle dir jetzt vor deinem geistigen Auge vor. Du würdest das, was nun geschieht, vielleicht einen Tagtraum (mit Betonung auf der Silbe Traum) nennen. Ich nenne es: den göttlichen *Schöpferweg gehen. Visualisiere deinen großen Wunsch. Vielleicht bist du nun auf dem Schiff, dass dich nach Hawaii bringt. Vielleicht stehst du in einem wilden Landschaftsgarten, und jemand gibt dir die Gelegenheit, daraus ganz nach deinem Geschmack einen wunderschönen Garten zu gestalten. Werde jetzt aktiv und erlebe, wie dein inniger Wunsch deiner Meinung nach Wirklichkeit werden könnte. Wenn du zwischendurch an der Situation etwas verändern möchtest, ist es auch in Ordnung. Aber forme all dies nicht mit dem Verstand. Erlaube deinem Herzen, dich zu führen.*

Du darfst deinen Herzenswunsch gern in weiteren Imaginationen oder Tagträumen, wenn du es so nennen möchtest, ausgiebig leben. Erkunde alle Potenziale, die sich dir offenbaren. Beleuchte alle Wege und schau, welcher dir am leichtesten, am schönsten und am genussvollsten vorkommt. Denn bedenke, es geht hier um deinen Herzenswunsch. Ich spreche nicht von einer flüchtigen Idee, sondern von dem, was dich in deinem Herzen beschäftigt. Die Prise Salz an deinem Schöpfungsvorgang ist wirklich die Leidenschaft. Der Pfeffer ist der Mut, den du für außergewöhnliche Schritte brauchst, und der Zucker, der alles abrundet, ist das Vertrauen, das du zu dir selbst haben musst. Das Vertrauen, dass du gemeinsam mit deinem Goldenen Engel alles schaffst, wenn du es nur für möglich hältst.

In der Jetzt-Zeit ist das, was du mit der nötigen Leidenschaft und dem Herzensgefühl formst, im Geiste bereits da. Wann dieses geistige Format die materielle Ebene erreicht, hängt von deiner Geduld ab. Manche wunderbaren Ideen setzen sich mithilfe der Goldenen Welle, die alles durchflutet und voranschwemmt, sofort um, sobald die Zeitqualität dafür da ist. Anderes braucht ein wenig länger, weil die passenden Umstände noch nicht eingetreten sind oder die menschlichen Partner, die du brauchst, ihre Schritte noch nicht getan haben. Sie stecken noch in anderen Phasen. Manchmal ist deine Kraft so groß, dass sie andere Umstände und andere Menschen für deinen Wunsch anzieht, sodass sich plötzlich doch wie aus dem Nichts ein neues passendes Zeitfenster auftut. Tatsächlich bestimmst du selbst durch die Kraft deiner Leidenschaft und deine daraus erwachsende Schöpferkraft, wie dein Herzenswunsch sich manifestiert.

Eine weitere Übung

Manchmal ist es auch so, dass keine rechte Leidenschaft für weitere Schritte aufkommen will. Dann fehlt die Klarheit, und eine Zeit der Stille ist vonnöten, um sie herzustellen. Gerade wenn du vielseitig interessiert bist und durch Tatkraft und Mut schon einige Herzenswünsche realisiert hast, ist es manchmal nicht leicht herauszufinden, was das Richtige ist. Dann solltest du dir alle deine möglichen Wünsche genauestens vorstellen. Nehmen wir an, du möchtest gerne Künstlerin sein. Du malst schon lange, deine Bilder kommen gut an, und du bist zufrieden mit deiner Arbeit. Du singst auch sehr gern, und es ergibt sich gerade eine Möglichkeit, in einen professionellen Chor einzusteigen. Die Mitgliedschaft in dem Chor wäre allerdings mit vielen Reisen verbunden. Außerdem liebst du Kinder, und im Kindergarten wird ein neues Projekt gestartet, bei dem du auch gern dabei wärst, damit du alle anderen Potenziale auch leben könntest. Die würdest du allerdings in abgeschwächter Form realisieren, weil dein Fokus auf etwas anderem liegt. Wofür wirst du dich entscheiden?

Dies ist nur ein Beispiel, Vielleicht ist es ja bei dir ähnlich. Schließe deine Augen und visualisiere ausgiebig alle deine Möglichkeiten. Fühle tief in alle hinein. Wie fühlt sich jede deiner Möglichkeiten an? Macht es dir wirklich Freude, dieses oder jenes zu tun? Welches ist dein wahrer Herzenswunsch? Vielleicht machst du diese Übung einige Male, bis du dir sicher bist. Wenn du dich gedanklich dann noch mit deinem Höheren Selbst beraten kannst, wirst du den richtigen Schritt finden. Da bin ich sicher!

Barbaras persönliche Erfahrungen

Diese Erfahrung gebe ich immer wieder gern weiter, weil sie ein hervorragendes Beispiel dafür ist, was geschieht, wenn man *nicht* auf sein Herz hört. Ich bin Journalistin von Beruf, und als im Jahr 2000 die Zeit nahte, in meinen jetzigen Dienst einzutreten, habe ich gezögert. Ich war selbstständig im Presse- und Agenturwesen, habe Kleinkünstler betreut und vermittelt. Das hat mir Spaß gebracht. Allerdings fühlte ich schon seit Langem, dass diese Tätigkeit für mich abgeschlossen ist. Ich tat sie mit Freude, doch ich wusste, dass etwas anderes auf mich wartet. Saint Germain, einer meiner geistigen Führer, riet mir, mich daraus zurückzuziehen, um einige Zeit intensiv mit mir selbst zu arbeiten. Die neue Arbeit stehe vor der Tür. Ich habe seinen Rat ignoriert, auch weil einige liebe, mir nahestehenden Menschen mir davon abrieten. Sie sagten: „Du kannst doch nicht eine gut gehende Firma aufgeben, nur weil du einer geistigen Eingebung vertraust. Wer garantiert dir, dass das überhaupt funktioniert?" Man appellierte an meine Vernunft. Dann griff Kryon, mein Goldener Engel, zu drastischeren Maßnahmen: Die Aufträge in meiner Firma blieben zusehends aus. Um es kurz zu machen, ich habe die Firma innerhalb von drei Wochen an eine sehr nette Dame, die rein „zufällig" vorkam, abgegeben. Und dann begab ich mich in Klausur. Ich hatte verstanden. Sie ahnen es sicher schon: Die kleine Firma hatte plötzlich wieder viele Aufträge!

19

Der göttliche Weg und die Barmherzigkeit

Unsere Begegnung neigt sich langsam dem Ende entgegen. Oder gehörst du zu den Lesern, die in einem Buch gern hinten beginnen, um zu wissen, wie es endet? Dann treffen wir uns vielleicht jetzt zum ersten Mal. Nun, was bleibt mir noch zu erwähnen? Was kann ich dir noch ans Herz legen? Der Sinn unseres Treffen war, dich immer wieder einmal für ein Weilchen in die höhere Energie zu heben, damit das, was bei dir nun an Transformationen, Neuausrichtungen oder Energieanhebungen dran war, geschehen konnte. Du bist leicht in diese Energie hineingeschwebt. Ich habe dich an die Hand genommen, und gemeinsam sind wir ein Stück weiter auf dem Weg zu deiner Meisterschaft gegangen. Jetzt fühlt es sich nach Abschied an. Nein, noch nicht? Dann hast du das Wichtige verstanden: Wir sind nie voneinander getrennt. Wir sind Eins. Wir können nicht getrennt sein, weil wir beide in den göttlichen Teppich verwoben sind.

Du bist nicht weniger als ich. Ich bin lediglich so etwas wie ein älterer Bruder oder eine weit entfernt wohnende Schwester. Aber die Bezeichnung „weit entfernt" ist auch nicht mehr ganz korrekt, weil die Dimensionen sich bereits verschieben: Wenn dieses Buch veröffentlicht ist, dann haben die Erde und die auf ihr lebenden Menschen, ob inkarniert oder nicht, bereits einen großen Schritt in die vierte Dimension getan. Sie betreten nun die Ebene, die ihr als die astrale bezeichnet. Das bringt es mit sich, dass du diese Dimension immer öfter in dein tägliches Lebens mit einbeziehst. Erschrick bitte nicht, wenn plötzlich schemenhaft ein Wesen neben dir erscheint, das dir nicht ganz menschlich und lebendig vorkommt. Dann hat sich der Schleier für dich ein bisschen gelüftet. Das kann vorkommen, obwohl wir uns bemühen, dafür zu sorgen, dass so etwas nicht unvorbereitet geschieht und dich erschreckt. Auch die astrale Ebene wird in naher Zukunft einen Wandel erleben: Die Ebenen, die von den Verstorbenen bewohnt werden und nicht in den neutralen Bereichen anzusiedeln sind, werden aufgelöst. In der Sprache der Science-Fiction würdet ihr sagen: „Sie werden weggebeamt." Korrekt ist: Sie werden in den äußeren Bereich eines anderen Lernplaneten gleiten. Das geschieht innerhalb einer Nanosekunde, und niemand bekommt etwas davon mit. Ansatzweise ist dies bereits geschehen, damit die Erde immer mehr mit dieser Dimension verschmelzen kann. Das ist einer der nächsten Schritte dieses Planeten.

Bist du mit von der Partie? Oder ziehst du es vor, dich

nochmals zu inkarnieren? Noch ist es möglich, diesen normalen, dir gut bekannten Reinkarnationsrhythmus zu leben. Sobald aber die Entwicklung der Erde noch weiter fortgeschritten ist, werdet ihr, die Erde und du, noch weiter in die vierte und dann in die fünfte Dimension gleiten. Wir hoffen, dass dies so glimpflich wie möglich ablaufen wird. Jetzt fragst du sicher: „Wann wird das sein, Kryon?"

Diese Frage kann ich dir jetzt nicht beantworten. Der Übergang der Erde in die anderen Dimensionen entwickelt sich so, wie du dich entwickelst und wie die Klärung der Erde weiter voranschreitet. Ihr seid ja eine Einheit. „Was ist zu tun, damit es so leicht wie möglich geschieht?", könntest du jetzt fragen. Meine Antwort lautet: Nimm die Informationen und die Übungen dieses Buches als eine Möglichkeit für dich, bewusst in die Neue Ära hineinzugleiten. Sei dir bewusst, dass es eine von dir sehnlich erwünschte Inkarnation ist, die du jetzt lebst, und genieße sie auch ein bisschen. Sei nicht zu fordernd mit dir und den anderen um dich herum. Sei verständnisvoll mit dir und mit ihnen. Beginne damit, dass du dich selbst vervollkommnest. Nur du kannst über dein Leben Regie führen, niemand anders kann das, das weißt du jetzt. Aber wie geht es für dich weiter? Entdecke den Gott in dir, lebe die göttliche Energie, die in deinen tiefen Schichten vielleicht noch schlummert, und erwecke sie. Erlaube deinem Goldenen Engel, deine Hand zu halten, wie ich es getan habe, um die nächsten Schritte für dich einzuleiten. Die Schritte, die du dich vielleicht noch nicht zu unternehmen traust. Dein Höheres Selbst ist wie eine Zirkusarena mit Netz und Boden. Dir kann nichts geschehen. Aber wenn du nicht mutig bist, wirst du auch den besonderen Kick oder die Wunder, die unsichtbar schon vorhanden sind, nicht erfahren. Du bist so sehr beschützt, du geliebtes, wunderbares Wesen!

Beginne mit dir selbst. Liebe dich. Schau wirklich jeden Tag erneut in den Spiegel und stelle mit kindlichem Staunen fest, dass das Göttliche immer mehr aus deinen Augen leuchtet, dass dein Äußeres sich stark verändert und dass du deinen Körper vielleicht auch anders fühlst. Wahrscheinlich ist er auch verändert, wer weiß? Du hast es völlig in der Hand. Du bist der Nabel deiner Welt. Du bestimmst, wie sie aussieht. Erschaffe sie dir so, dass du zufrieden bist. Das meine ich nicht aus materieller Sicht. Allerdings kann das Materielle durchaus auch hinzukommen. Ich meine, dass du damit zufrieden bist, wie du deine göttliche Kraft für dich einsetzt, und dass sich alles zum Angenehmen wendet. Ich meine damit, dass du gesund bist und die Transformationen leichter überstehst, dass sich kleine Probleme leichter lösen. Und dass sich größere Probleme mithilfe deiner eigenen Göttlichkeit ebnen. Ich wünsche dir auch, dass du zufrieden bist mit deiner Art, hier zu sein. Wenn du so zufrieden bist, dann darfst du dich ein bisschen zurücklehnen und mit mir gemeinsam eine ebenso poetische wie physikalische Erkenntnis betrachten:

Wenn du mit dir zufrieden bist, partizipieren die anderen um dich herum auch daran. Sie sind in deinem Umfeld und schnuppern deine Energie. Sie sehen, was mit dir geschieht, und spüren auch deinen Goldenen Engel. Vielleicht sind sie verwundert und fragen dich: „Wie kommt es nur, dass du so gelassen bist und scheinbar keine Sorgen hast. Wenn du einmal Probleme hast, löst du sie mit links. Was ist dein Trick?" Sie fragen dich das vielleicht sogar ein paarmal. Erst zweifelnd, dann zögerlich und dann lachend. „Ja, was ist dein Trick?" Es gibt keinen, nicht wahr? Gehe nie missionieren und sprich nicht von Kryon oder ähnlichen geistigen Helfern, wenn du spürst, dass es nicht passt. Du könntest dabei ein zartes erstes Erwachen zerstören. Dann geht der Kandidat eher wieder einen Schritt zurück statt weiter vorwärts in seinem eigenen Tempo. Überlasse seine Führung den Engeln und anderen geistigen Helfern. Sie kennen die potenziellen Kandidaten und wissen, was energetisch zu zaubern ist. Sei einfach nur du und überlasse uns den Rest. Wenn dann irgendjemand nicht lockerlässt und immer wieder nachfragt, dann erzähle von deinen Erfahrungen oder überreiche ein Buch dieser Art und lasse es wirken, ohne zu drängen. Es wirkt immer, da kannst du sicher sein. So wie die Energie dieses Buches dazu angelegt ist, dir beim weiteren Erwachen zu helfen, so wirkt sie auch bei denen, die noch halb schlafen.

Du solltest dir zunächst allerdings selbst das Wichtigste sein. In alten Mysterienschriften wird die Nächstenliebe als höchstes Gut bezeichnet. Aber, was ist, wenn du dich selbst nicht liebst? Wie sollst du dann andere lieben können? Die meisten Menschen lieben sich nicht wirklich selbst. Sie kokettieren oft mit ihrem äußeren Sein, aber die inneren Aspekte werden kaum beachtet oder nur zu bestimmten Situationen und Zeiten eingesetzt. Sonst wird alles gut zugeschnürt, damit ja keiner hineingucken kann. Auf die Art kann der Mensch allerdings auch von sich selbst wenig erkennen. „Wer bin ich eigentlich?", fragt er sich oft. „Woher komme ich? Warum bin ich hier?" Erst wenn sich die innere Welt geöffnet hat, kann die Liebe des Menschen zu sich selbst strömen. Dann wächst der Mensch, ist sich seiner selbst bewusst und kann sich dem gemeinsamen Wirken mit anderen Menschen öffnen. Diejenigen von euch, die therapeutisch arbeiten oder sich berufen fühlen, mit der Goldenen Welle zu experimentieren, um anderen zu helfen, sollten dies erst tun, wenn sie selbst schon recht gut geklärt und sich ihrer selbst bewusst sind.

Du bist nach diesen Prozessen geklärter, deine Aura, dein Feld, hat sich erweitert. Bei einigen Menschen reicht das göttliche Licht schon kilometerweit. Deine Liebe zu dir ist entfacht, sodass du bedenkenlos diese göttliche Energie in dir auch an andere Menschen weitergeben kannst. Wenn du gibst, kommt immer etwas nach. Du musst dir keine Sorgen machen, dass du irgendwann leer und ausgelaugt bist. Das war früher so, als du noch als nicht bewusstes Wesen dientest und die Goldene Welle noch nicht so intensiv fließen konnte. Nun bist du immer in deinem göttlichen Licht und kannst für andere da sein, was nicht bedeutet, dass du dir keine Zeit für dich selbst nehmen sollst. Pausen müssen sein, Ruheminuten sind wichtig für dich. Stelle dir dein weites Feld so vor, dass du immerfort durch den göttlichen Strom genährt wirst. Dafür sorgt dein Goldener Engel. Du brauchst andere auch deshalb nicht zu missionieren, weil die Energie von selbst wirkt, sie wirkt immer. Sie ist einfach.

Der göttliche Weg besteht für einen Erwachten nun darin, sich ganz für alle zu öffnen. Diese Öffnung kann, wie schon erwähnt, durch energetische Arbeit geschehen oder dadurch, dass du neue Ideen an andere weitergibst oder sie initiierst und motivierst, an diesen Ideen teilzuhaben. Oder sei einfach nur da. Die göttliche Energie in dir wird immer wirken, wenn du dich öffnest und sie fließen lässt, aber sie manipuliert nicht. Sie wirkt immer so, wie es für jeden einzelnen sinnvoll ist. Dabei entsteht eine sogenannte Win-Win-Situation. Du webst die Menschen in dein göttliches Feld, und die göttliche Energie wirkt zum Vorteil aller Beteiligten.

Du brauchst dir also keine Sorgen mehr zu machen, dass dir Energie weggenommen werden könnte, wenn du mit der göttlichen Energie wandelst und arbeitest. Schau, früher haben die heilerisch arbeitenden Menschen sich in tiefer Meditation mit der Heilenergie verbunden, um sie für andere zu empfangen. Heute reicht ein Gedanke und schon bist du in diesem Feld der Allumfassenden Liebe und allzeit heilenden Energie. Wenn du *ganz* in sie eingetaucht bist, brauchst du dich nicht zu schützen. Wovor solltest du dich schützen wollen? Vor Energievampiren? Die werden automatisch berücksichtigt. Sie bekommen das, was sie brauchen, was für ihren Lernprozess gerade angemessen ist, und sie werden von der ewig fließenden göttlichen Energie erfüllt. Sie fließt ihnen zu, ohne dass du etwas abgeben müsstest. Ich beschreibe dies so ausführlich, weil immer noch das Gerücht umgeht, dass Energiearbeiter sich schützen müssten.

Nun hast du erkannt, dass du eng in das göttliche Feld eingewoben bist. Wie denkst du jetzt über das Bewerten anderer Menschen? Versuche doch einmal, alle Menschen mit göttlichem Blick zu betrachten. Sieh in ihnen einen Bruder oder eine Schwester. Sieh in ihnen eine Zelle des göttlichen Gewebes. Auch du bist eine Zelle in diesem göttlichen Gewebe. Dein Nachbar oder dein Kollege ist wie du aus der Einheit gefallen. Er weiß es nur vielleicht noch nicht und interessiert sich lieber für Fußball oder wissenschaftliche Berichte über die Erde. Lass ihn. Er wird erwachen, irgendwann, mit dir, durch dich oder durch eine andere Zelle, die ansteckend wirkt. Alle Menschen kommen wie ich auch aus der Quelle. Alle sind in die göttlichen Matrix eingewoben. Sie haben lediglich hier in diesem System die Möglichkeit, mit dem freien Willen ein bisschen Trennung zu spielen. Doch das Spiel hat neue Regeln bekommen. Diese Regeln sprechen sich allerdings nicht unbedingt immer wie ein Lauffeuer herum. Manchmal werden sie heimlich weitergereicht wie Spickzettel in der Schule, ein anderes Mal wieder kann man sie öffentlich lesen wie auf einer Litfaßsäule.

Alles ist recht, alles kommt von Gott. Öffne dein Herz für deinen Nächsten. Er ist wie du. Er ist du. Verzeihe ihm seine Unbewusstheit und übe Nachsicht. Schicke allen, die in deinem Umfeld noch ein bisschen dösen, die Goldene Welle. Schicke sie einfach hin, ohne sie gezielt einsetzen zu wollen. Lass die Goldene Welle sich selbst ihr Ziel suchen. Sie weiß, was der andere Mensch braucht.

Ich möchte dich jetzt zu einer kleinen Abschlussübung einladen. Hast du Lust?

Schließe deine Augen und stelle dir die Erde als Kugel vor, so wie du sie gerne siehst. Vielleicht mit all den Kontinenten und den Meeren. Wenn du dieses Bild hast, visualisiere das Kristalline Gitter um die Erde herum. Es ist die Christusenergie, die sich in Form dieses Kristallinen Gitters um die Erde webt. Schau es dir an. Es sieht aus wie ein Netz, aber mit unterschiedlichen Stärken. An manchen Stellen ist es ganz fest und klar, an anderen Stellen ist es eher zart oder kaum sichtbar, und an wieder anderen hat es sogar ein Loch oder eine größere kahle Stelle. Das ist die momentane Befindlichkeit der Erde im Hinblick auf die aktivierte Christusenergie. Der Zustand des Netzes oder Gitters zeigt auch den Bewusstseinsstand der Menschen, die damit verbunden sind. Damit habe ich vielleicht auch eine Frage beantwortet, nicht wahr? Schau dir dieses Gitter gut an. Was, glaubst du, muss noch geschehen, damit es sich ganz stabil um die Erde weben kann? Öffne jetzt bewusst dein Herz und schicke der Erde deine Liebe. Schicke sie ohne Absicht einfach hin. Und dann beobachte, was passiert. Nimmst du vielleicht ein Flackern wahr? Du siehst jetzt ganz deutlich, dass dein Streben nach Vervollkommnung nicht unbemerkt bleibt. Ich lasse dich in dieser

Begegnung noch ein bisschen allein. Vielleicht reagiert die Erde sogar persönlich auf deine Bemühungen.

Reiche deinen Brüdern und Schwestern, allen Menschen, deine Hand – geistig oder physisch, wo immer sie auch sein mögen. Du bist nicht allein und du gehst auch den Weg in die Meisterschaft nicht allein, den das ist gar nicht möglich. Eure Wissenschaftler kommen mehr und mehr zu der Erkenntnis, dass alle Teile, wie klein sie auch sein mögen, immer gemeinschaftlich agieren. So betrifft jede deiner Handlungen immer auch andere. Wirfst du einen Stein ins Wasser, schlägt er Wellen, die sich konzentrisch immer weiter ausbreiten. Diese Wellen schubsen vielleicht eine kleine Insektenlarve von ihrem Seerosenblatt. Eine Babyente kommt ins Schlenkern. Und eine Badenixe ärgert sich über die Störung. Ein Papierschiffchen freut sich über das Schaukeln. Und das Baby, das im Arm der Mutter im Wasser schwimmt, jauchzt über die Welle, die der geworfene Stein ausgelöst hat.

Bleibt mir noch zu sagen: Ich wünsche mir, dass du Spaß an unserer Begegnung hattest. Ich freue mich auf ein nächstes Mal.

In tiefer Liebe und Verbundenheit
Kryon

Liebe Leserin, lieber Leser!

Wie schön, dass Sie Kryons Botschaften und der Energie bis hierher gefolgt sind. Oder lesen Sie wie ich immer gern einmal das Ende eines Buches als Erstes? Ich liebe es, bei einem Buch das Vorwort zu lesen und dann zu gucken, was am Ende steht. Wenn das Buch ein Krimi oder ein Liebesroman ist, riskiere ich natürlich nicht, mich der Freude oder der Aufregung zu berauben, indem ich den Schluss zuerst lese. Die Bücher mit Kryon kann man allerdings wirklich auf jede mögliche Art lesen: Vielleicht beginnen Sie ganz normal von vorne, oder sie picken sich ein Thema heraus, das Sie besonders anspricht, oder Sie beginnen hinten. Warum nicht? Kryon schmunzelt gerade und vermittelt mir, dass es ihm nicht wichtig ist, wie wir seine Botschaften lesen. Hauptsache, wir tauchen einfach in sie ein, vielleicht auch mit jener Leidenschaft, von der Kryon vorhin sprach. Möglicherweise so, wie wir es früher als Kind getan haben, wenn wir uns mit einem Buch in die hinterste Ecke des Hauses verkrochen haben, um nur ja nicht gestört zu werden. Manche Leser und Seminarteilnehmer berichten mir, dass sie das Buch oft einfach spontan öffnen und dann feststellen, dass sie genau das Kapitel aufgeschlagen haben, das zu ihrem aktuellen Lebensthema passt. Manche legen das Buch offen oder geschlossen unters Kopfkissen, damit die Energie herausströmt. Als mir das jemand zum ersten Mal erzählte, musste ich schon ein bisschen lachen und fragte die Seminarbesucherin: „Und, hat das Buch nicht ein bisschen gedrückt, und war das nicht ziemlich unbequem?" Die Dame musste auch lachen und erwiderte: „Es ging so, aber es war trotzdem ein schönes Gefühl."

Das Format dieser Trilogie ist für eine solche Art des Lesens sicher genau richtig. Die Bücher passen in fast jede Handtasche. Die meisten Taschen sind ja heute etwas geräumiger, was unserer weiblichen Neigung, alles Mögliche mit uns herumzutragen – etwa nach dem Motto „Man weiß ja nie, ob man es nicht doch braucht" – sehr entgegenkommt. Ich möchte in diesem Zusammenhang meinem Verleger für die Idee danken, die Trilogie in dieses handliche Format zu bringen, noch dazu in den wunderschönen Farben. Farblich spricht gerade dieser Band mich persönlich besonders an. Ich meine die äußeren Farben, die ein bisschen an die Violette Flamme der Transformation erinnern. Im Inneren kommen ja auch viele Schwingungen = Farben zum Einsatz. Das haben Sie vielleicht auch schon gespürt.

Ich freue mich sehr, eines der Medien von Kryon sein zu dürfen. Es macht große Freude, die Botschaften weiterzugeben, auch weil die Intensität sich immer mehr verändert. „Inwiefern?", fragen Sie vielleicht. Wir wissen, dass die Schwingungen der Erde sich ständig erhöhen. Die Kraft der Goldenen Welle wird immer intensiver, klarer und tatkräftiger. Das spüre ich auch bei den Channelings und in den Seminaren. Ich hab das Gefühl, dass die Kraft, die durch mich strömt, ansteigt, zunimmt. Die Welle der Energie ist wirklich wie eine starke Woge, die durch mich hindurchpulsiert. Sie gleitet nicht, sie powert. Meist ist sie eher stürmisch als lieblich. Kryon, so habe ich das Gefühl – und er bestätigt es gerade durch ein Nicken – möchte allen Menschen den Kopf waschen, sie einmal kräftig durchschütteln und rufen: *„Hallo, Geliebte(r) Meister(in)! Wache auf und schlafe nicht wieder ein, es ist Zeit aufzustehen. Löse dich von alten klebrigen Musternetzen, die wie eine Art Spinnennetz dein wahres Sein verdecken. Nimm eine starke Energiedusche und löse die Netze. Die Freiheit wartet auf dich. Wir, deine geistigen Helfer, warten auch, um dir neue Perspektiven aufzuzeigen. Die Herausforderungen sind nicht immer einfach, aber mit einem offenen Herzen leichter zu bewältigen. Sei mutig und reiße alte Barrieren ein. Erkennst du nicht, dass du das Schöpferwesen bist, von dem hier die ganze Zeit die Rede ist?"*

Es macht viel Freude und bestätigt mich auch in meiner Arbeit, wenn ich sehen darf, wie bei den Treffen viele alte menschliche Muster gehen. Manche Teilnehmer berichten, dass sie Klarheit für ihre nächsten Schritte bekommen haben oder dass eine Krankheit sich verabschiedet hat. Sie wurde nicht mehr gebraucht. Freundschaften entstehen bei diesen Veranstaltungen, und manchmal treffe ich nach ein, zwei Jahren jemanden wieder, der berichtet, dass er jetzt auch ähnlich wie ich arbeitet und Menschen bei der Transformation hilft. Wie schön!

Die Kraft der Goldenen Welle ist natürlich auch für mich da. Ich spüre, wie die hohe Energie durch meinen Körper fließt. Und wenn ich mich gut beobachte, merke ich fast augenblicklich, dass sie immer da stockt, wo in meinem System noch etwas blockiert ist. Zurzeit plagen mich meine Nebenhöhlen und der Kieferbereich. Das Channeln bringt zwar stets Erleichterung, aber wieder und wieder weisen mich die Beschwerden unausweichlich auf die Themen hin, die mit ihnen verbunden sind. Auch ich werde also sehr eindeutig auf meine noch zu transformierenden Muster hingewiesen. Wenn ich mit mir allein bin oder spazieren gehe, kann ich sie ganz gut bearbeiten. Ich betrachte dann das Thema und bitte Kryon, mir passende Bilder oder Informationen zu schicken. Natürlich geht es dabei immer auch um andere Menschen und Situationen des täglichen Lebens. Sie gilt es zu beleuchten. Ich mache mir dabei allerdings keinen Druck. Ich weiß, dass alles, was geschehen soll, zum richtigen Zeitpunkt geschieht. Trotzdem geht es mir wie anderen Menschen auch: Ich bin etwas ungeduldig. Dann meine ich beispielsweise, dass ein Thema bereits gegangen sei, und merke dann doch, dass es immer wieder aufs Tablett kommt, selbst in meinen Träumen. Da sind wohl die Wurzeln noch nicht beseitigt.

Beim Schreiben dieses Buches tauchte ich noch einmal tief in das Thema Partnerschaft ein. Das gilt nicht nur für männliche Begleiter! Ich höre auch von vielen anderen, dass dieses Thema zurzeit stark in Bearbeitung ist. Das ist verständlich, da es doch jetzt auch darum geht, zu erkennen, dass wir alle Eins sind und Zusammenarbeit notwendig ist. Wir dürfen uns als eine Gruppe sehen, die auszog, um zu lernen. Wir dürfen uns gegenseitig helfen und brauchen nicht mehr verschämt die Augen zu schließen, wenn wir einen Fehler gemacht haben. Andere machen auch Fehler. Wir alle tun das. Wie schon im Vorwort erwähnt, meine ich, dass wir die Erneuerung der Welt gemeinsam schaffen müssen. Und dafür dürfen wir jetzt gern unsere alten Ängste und Schamgefühle ablegen. Wir müssen uns nicht mehr für irgendetwas schämen. Das gilt für Frauen ebenso wie für die immer noch dominierende Männerwelt. Ich glaube, im Bereich Mann-Frau liegen die Schamgefühle noch sehr viel tiefer, als wir glauben. Wir können über Dinge, die uns selbst oder anderen geschehen, traurig oder auch wütend sein. Aber hilft uns das auf Dauer wirklich weiter? Sicherlich sollen wir Mitgefühl für all die Menschen haben, die Leid erfahren, allen voran auch für uns selbst. Aber ist es nicht an der Zeit, einander bei der Hand zu nehmen, all den Schmerz zu vergessen und zu handeln?

Apropos Zusammenarbeit: Vor einigen Monaten wurde ich öfter angesprochen, ich solle Kryon doch einmal fragen, ob wir nicht zu einer bestimmten Zeit eine gemeinsame Großmeditation für den Frieden auf der Welt machen sollten. Zurzeit gibt es mehrere solche Aufrufe. Ich habe Kryon gefragt, ob ich dies mit ihm initiieren und auf der Internetseite und mit einem Rundbrief verbreiten soll. Er hat liebevoll geschmunzelt und geantwortet: „Das ist gar nicht mehr notwendig. Schau, all die Erwachten, die jetzt auf der Erde sind, haben die Schwingung auf dem Planeten schon verändert.

Das Kristalline Gitter, das Bewusstsein der Menschen sind schon stärker auf die Veränderung ausgerichtet. Die Christusenergie hat Einzug gehalten und drückt sichin einer höheren Schwingung aus. Das heißt, ein besonders Netzwerk ist entstanden. Überall auf der Erde meditieren Menschen, allein oder gemeinsam. Damit sind sie automatisch in dieses Gitter verwoben. Sie können also zu jeder Zeit und wo immer sie sind meditieren und sich in dieses Gitternetz einklinken. Das ist alles. Es wirkt auch ohne äußere, zeitlich festgelegte Zusammenkünfte." Ja, das leuchtet ein. So viel ist also schon durch die große Leistung der vielen Erwachten auf der Erde geschehen. So können wir uns jederzeit in dieses Feld der wachsenden Einheit einklinken und noch mehr Stabilität in das Kristalline Gitter bringen.

Tiefes Meditieren ist nicht jedermanns Sache. Ich gehe nicht sehr oft in diese tiefe Stille. Ich hab so viel zu erledigen und bin ein etwas ruheloser Mensch. Dafür spreche ich aber eigentlich den ganzen Tag mit der geistigen Welt. Wo ich gehe und stehe, kommuniziere ich mit Kryon, Saint Germain oder Maria. Damit halte ich ebenso konstant eine höhere Schwingung und unterstütze das Kristalline Gitter. Wenn Sie auch viel zu tun haben und die täglichen Pflichten in Familie und Beruf Ihnen wenig freie Zeit lassen, nutzen sie alle Gelegenheiten und Situationen, mit ihrem Höheren Selbst in Verbindung zu sein. Egal, ob es beim Mittagssnack oder auf dem Weg in die Reinigung ist. Ich weiß, dass es wirkt, es bringt Sie ein Stück weiter in Ihrer Bewusstseinsveränderung. Und darum geht es ja in dieser nicht immer leicht zu lebenden Ära der Erde.

In genau einem Jahr wird der dritte Band dieser Trilogie *Ein Kurs in Liebe* vollständig empfangen sein. Kryon vermittelt mir, dass er darin das Thema Schöpferkraft noch näher beleuchten möchte. Es geht auch um die Heilige Kammer des Herzens, und er spricht unter anderem über die astralen und die höheren Ebenen. Alles Weitere wollte er nicht verraten ...

Ich wünsche Ihnen weiterhin viel Freude bei Ihren nächsten Schritten und freue mich, wenn Sie Kryon und mich einmal auf einem Seminar besuchen. Ich freue mich auch, sie beim nächsten Buch oder vielleicht auf der Internetseite www.kryon-deutschland.com zu treffen!

Herzlichst
Ihre Barbara Bessen

Wenn Sie Lust haben, Kryon und mich direkt zu erleben, schauen Sie auf unsere Internetseite www.kryon-deutschland.com. Dort sind alle Veranstaltungen aufgeführt. Wenn Sie keinen Internetzugang haben, schreiben Sie uns einfach. Hier unsere Postanschrift:

Kryon-Büro
Barbara Bessen
Postfach 130521
20105 Hamburg
Telefon: 040/79306239
E-Mail: info@kryon-deutschland.com
Internet: www.kryon-deutschland.com

Im Jahr 2009 werden neben den Zweitages-Seminaren in verschiedenen Städten außerdem zwei längere Seminare stattfinden. Eines über 8 Tage auf Malta, ein weiteres über 5 Tage im schönen Chiemgau. Nähere Informationen bekommen Sie im Kryon-Büro.